Anna Georg (Hg.)

Meine allerschönsten Pferdegeschichten

Anna Georg (Hg.)

Meine allerschönsten Pferdegeschichten

Mit Illustrationen von Julia Gerigk

Kaufmann Verlag

Bibliografische Information der Deutschen Bibliothek
Die Deutsche Bibliothek verzeichnet diese Publikation in der Deutschen Nationalbibliografie; detaillierte bibliografische Daten sind im Internet über http://dnb.ddb.de abrufbar.

3. Auflage 2025

info@kaufmann-verlag.de

Druck und Bindung: Neografia
ISBN 978-3-7806-6390-0

Inhalt

Marliese Arold

Der Apfeldieb

„Halt, mein Kopfkissen!", schreit Christiane und kriecht noch mal ins Auto zurück. Ohne ihr Kissen kann sie bei Oma und Opa nicht schlafen. Ihr Bruder Benjamin wartet neben dem Auto. Er ist ganz stolz auf sein neues Ziehköfferchen. Da hat alles reingepasst, was er für eine Woche Ferien braucht. Nur der große Teddy nicht – den hält Benjamin fest im Arm.

„Fertig?", fragt Papa und klappert mit den Autoschlüsseln.

Christiane nickt. Sie schleppt schwer: den Rucksack, die große Tasche, das Kopfkissen und ihren riesigen Lieblingsaffen.

Papa grinst. „Sieht ganz so aus, als wolltest du für immer bei Oma und Opa bleiben."

Christiane streckt ihm frech die Zunge raus. Papa weiß ganz genau, dass es nirgendwo schöner ist als bei Mama und Papa. Aber weil die Eltern nach Amerika fliegen, sollen Christiane und Benjamin eine Woche lang bei Oma und Opa bleiben. Die Großeltern wohnen in einem kleinen Dorf. Sie haben ein Haus mit einem großen Garten. Auf den Garten ist Opa Rudi besonders stolz. Jedes Mal, wenn Christiane und Benjamin zu Besuch kommen, führt er sie herum und zeigt, was er neu gepflanzt hat. Oder er macht sie darauf aufmerksam, welche Blumen gerade besonders schön blühen oder wie groß die Bäume geworden sind.

Christiane und Benjamin gefällt es bei den Großeltern. Am besten finden sie die Schildkröte Theodor. Die ist schon über dreißig Jahre alt und so groß wie ein Teller. Wenn die Sonne scheint, marschiert Theodor ganz munter durch den Garten und man muss aufpassen, dass er nicht wegläuft. Aber wenn es regnet, zieht Theodor den Kopf ein und schläft die meiste Zeit.

Die Geschwister würden Theodor am liebsten mit nach Hause nehmen, aber sie wohnen in der Stadt und in ihrer Wohnung dürfen sie leider keine Tiere halten. Auf dem kleinen Balkon würde sich Theodor sicher auch gar nicht wohlfühlen.

Oma und Opa freuen sich sehr, dass ihre Enkel wieder einmal da sind. Und noch dazu eine ganze Woche.
Papa muss leider gleich wieder in die Stadt zurückfahren. Nachdem sich Christiane und Benjamin von ihm verabschiedet haben, beginnt Opa Rudi mit seiner üblichen Führung durch den Garten. Am Zaun wächst ein kleines Apfelbäumchen. Im letzten Jahr war es noch genauso groß wie Christiane. In diesem Jahr ist das Apfelbäumchen schon größer, obwohl auch Christiane tüchtig gewachsen ist.
„Schaut mal", sagt Opa Rudi und deutet auf das Apfelbäumchen.
„Fällt euch was auf?"
„Das Bäumchen ist größer als ich", sagt Christiane.
Benjamin entdeckt, dass vier Äpfel an dem Bäumchen hängen.
„Das Bäumchen trägt dieses Jahr das erste Mal", sagt Opa Rudi stolz. „Vier Äpfel! Für wen sind die wohl?"
Das ist nicht schwer zu erraten!
„Einen für mich und einen für Christiane", zählt Benjamin auf. „Und einen für Opa und einen für Oma."
„Genau." Opa Rudi lacht.
„Und Theodor bekommt von jedem ein Stückchen ab", meint Christiane. Gerechtigkeit muss sein. Schließlich gehört Theodor auch zur Familie!
Die Äpfel sind so schön rot und glänzen. Benjamin hätte sie am liebsten gleich abgepflückt, aber Opa Rudi schüttelt den Kopf.
„Sie sind noch nicht ganz reif", sagt er. „Lass sie noch ein paar Tage am Baum. Am Tag, bevor ihr abreist, dürft ihr ernten."
Benjamin und Christiane sind einverstanden. Sie laufen ins Haus zu Oma. In der Küche riecht es herrlich nach frisch gebackenem Kuchen. Christiane findet, dass Oma Elfriede den besten Kuchen der Welt bäckt. Und Benjamin sagt, dass nirgendwo der Kakao besser schmeckt.

Am Nachmittag sind Christiane und Benjamin sehr beschäftigt. Zuerst müssen sie auf dem alten Dachboden stöbern. Einen Schatz finden sie zwar nicht, aber Christiane entdeckt ein altes Pferdchen aus Bronze und Benjamin einen Karton mit Fotos. Dann graben sie mit Opa im Garten Kartoffeln aus. Vor dem Abend-

essen steckt Oma die Kinder in die Badewanne. Es lohnt sich: Das Wasser wird ganz braun! Später gucken sie die alten Fotos vom Dachboden an und Oma erzählt dazu viele Geschichten, bis Christiane und Benjamin die Augen zufallen.
„Jetzt aber marsch ins Bett!“, sagt Opa Rudi.
Am nächsten Morgen scheint wieder die Sonne. Benjamin und Christiane laufen noch vor dem Frühstück in den Garten, um Theodor frischen Salat zu bringen. Dann will sich Benjamin noch einmal die schönen Äpfel anschauen.
Christiane bleibt bei Theodor und streichelt seinen tellergroßen Panzer.
„Christiane!“, schreit Benjamin ganz aufgeregt vom Zaun. „Komm schnell her!“
Christiane setzt die Schildkröte in ihren Bretterstall zurück und rennt los. Benjamin steht vor dem kleinen Apfelbäumchen. Er hat Tränen in den Augen.
„Schau“, sagt er und deutet auf die Zweige. Christiane schnappt nach Luft. Es hängt kein einziger Apfel mehr am Baum!
„Alle geklaut!“, sagt Benjamin. „So ein gemeiner Dieb!“
Aufgeregt laufen sie ins Haus zurück und erzählen den Großeltern von dem Raub.

„Bestimmt ist nachts jemand über den Zaun geklettert und hat die Äpfel gestohlen“, sagt Christiane empört.
„Und wie gemein, gleich alle mitzunehmen“, meint Benjamin. Er ballt die Fäuste. „Wenn ich den erwische!“
Oma und Opa gucken sich an. Dann fangen sie an zu lachen.
„Ich kann mir schon denken, wer es gewesen ist“, sagt Opa.
„Ich hab mich sowieso schon gewundert, dass die Äpfel so lange hängen bleiben“, sagt Oma. „So verfressen, wie der kleine Schelm ist.“
Benjamin und Christiane verstehen jetzt gar nichts mehr. Opa und Oma kennen den Dieb? Und sie sind ihm nicht einmal böse?
„Nach dem Frühstück legen wir uns auf die Lauer“, sagt Opa Rudi und zwinkert. „Ich hab das Gefühl, dass der Apfeldieb noch einmal wiederkommt.“
Am liebsten wären Christiane und Benjamin sofort in den Garten gelaufen, aber zuerst müssen sie frühstücken. Als sie endlich fertig sind, bringt Oma Elfriede noch zwei Mohrrüben.
„Ich platze gleich“, sagt Christiane, verdreht die Augen und klopft auf ihr Bäuchlein. „Da passt jetzt keine Möhre mehr rein.“
„Die Rüben sind auch nicht für euch, sondern für den Dieb“, erklärt Oma.
„Für den Dieb?“, fragt Benjamin verwundert.
„Für einen Hasen?“
„Wart’s ab“, sagt Opa Rudi geheimnisvoll.
Sie gehen in den Garten. „Schaut mal“, sagt Opa und deutet über den Zaun.
Im letzten Jahr war da noch eine wilde Wiese. Jetzt ist das Gras viel kürzer, die Wiese ist mit einem Elektrozaun eingezäunt und in der Ecke steht ein hölzerner Schuppen. Gestern haben Christiane und Benjamin gar nicht so darauf geachtet, aber jetzt sehen sie, dass sich im Schuppen etwas bewegt. Etwas Weißes.
„Ein Pony!“, schreit Benjamin begeistert.
In dem Moment streckt das Pony seinen Kopf aus dem Schuppen. Es sieht die Kinder, die am Zaun stehen, und trabt neugierig herbei.
„Ihr dürft ihm die Möhren geben“, sagt Opa und zeigt den Geschwistern, wie man es richtig macht: auf der flachen Hand. Dabei neckt er das Pony ein bisschen, bis es gierig den Hals ganz lang macht.

Jetzt wird Christiane alles klar: Der Dieb war kein anderer als das weiße Pony! Es hat sich über den Zaun gelehnt und die schönen roten Äpfel – einen nach dem anderen – direkt vom Baum gefressen!

„Du Fresssack!", sagt Benjamin, aber es klingt überhaupt nicht böse. „Weißt du denn nicht, dass die Äpfel für uns waren?"

Christiane hat eine Idee. „Als Strafe musst du uns auf dir reiten lassen!"

Sie hat sich schon immer gewünscht, einmal auf einem Pony zu reiten. Noch dazu auf einem ganz weißen.

„Sobald ich den Besitzer sehe, werde ich ihn fragen", verspricht Opa Rudi. „Ich bin sicher, dass er nichts dagegen hat."

„Klasse!", sagt Christiane. „Dann hole ich unserem Pony jetzt noch einen schönen Apfel aus Omas Vorratskammer."

Maja von Vogel

Ein Pony kommt zum Tee

„Ich geh schaukeln“, ruft Paula und läuft in den Garten.
Paula schaukelt für ihr Leben gern. Aber als sie heute in den Garten kommt, bleibt sie kurz vor der Schaukel so plötzlich stehen, als hätte sie eine böse Fee –*schwuppdiwupp!* – in einen Stein verwandelt. Zum Glück gibt es böse Feen natürlich nur im Märchen und Paula wird nicht wirklich zu Stein. Es sieht nur so aus, weil sie einen ganz schönen Schreck bekommen hat.
Vor der Schaukel steht nämlich ein Ungeheuer.
„He!“, ruft Paula mit zitternder Stimme. „Was machst du da? Das ist meine Schaukel!“
Das Ungeheuer wiehert. Ein wieherndes Ungeheuer? Moment mal, da stimmt doch was nicht … Paula sieht sich das Ungeheuer genauer an. Es hat einen großen Kopf, vier kurze Beine, vier Hufe, einen dicken Bauch, eine Mähne und einen Schweif. Ganz klar: Das Ungeheuer ist ein Pferd!
Puh, da ist Paula aber ziemlich erleichtert. Vor Ungeheuern fürchtet sie sich nämlich ein bisschen. Bei denen weiß man nie so genau, woran man ist. Die meisten tun einem zum Glück nichts. Sie ziehen nur unheimliche Grimassen und wollen einen erschrecken. Manchmal versteckt sich ein Ungeheuer unter Paulas Bett. Das weiß sie genau, auch wenn Papa behauptet, dass es keine Ungeheuer gibt.
Vor Pferden fürchtet sich Paula auch ein bisschen. Aber nicht so sehr wie vor Ungeheuern. Pferde ziehen schließlich keine unheimlichen Grimassen. Und unter Betten verstecken sie sich auch nicht. Zumindest glaubt Paula das. Genau wissen tut sie es nicht, sie hat nämlich bis jetzt noch nie ein Pferd persönlich kennengelernt.
Vielleicht sollte ich mich erst einmal vorstellen, denkt Paula.
„Guten Tag“, sagt sie. „Ich heiße Paula.“
Das Pferd wiehert und macht eine Verbeugung. Es ist ein sehr höfliches Pferd. Und gut gekleidet. Es hat nämlich einen Hut auf dem Kopf. Einen roten Hut mit zwei Löchern, aus denen die Ohren herausgucken. Sein Fell ist so braun wie eine

Tafel Vollmilchschokolade und glänzt in der Sonne. Paula geht einmal um das Pferd herum.
„Tut mir leid, dass ich dir das sagen muss“, sagt sie, „aber für ein Pferd bist du ganz schön klein.“
Das Pferd wiehert und schüttelt den Kopf.
„Doch, doch“, sagt Paula. „Wirklich! Ich kenne mich zwar nicht so genau aus, aber ich glaube, richtige Pferde sind viel größer als du. Bist du vielleicht ein Pony?“
Das Pferd wiehert wieder. Es klingt wie ein „Ja“.
„Aha“, sagt Paula zufrieden. „Gut, dass wir das geklärt haben.“
Vor Ponys fürchtet sich Paula nämlich noch weniger als vor Pferden. Weil Ponys kleiner und netter sind. Und dieses Pony ist besonders nett. Es sieht Paula mit seinen großen braunen Augen an und schnaubt ihr direkt ins Gesicht. Das kitzelt und Paula muss lachen.
„Es ist wirklich nett, dass du mich besuchen kommst“, sagt sie und streicht mit der Hand über das Ponyfell. Es fühlt sich warm und weich an.
Dann fällt ihr ein, dass man Gästen ja auch etwas anbieten muss. Wie unhöflich von ihr, dass sie nicht eher daran gedacht hat! Mama und Papa holen immer Tee und Kekse, wenn Besuch kommt. Schnell läuft Paula in die Küche und nimmt eine Packung Schokoladenkekse aus dem Schrank.
„Was machst du denn da?“, fragt Papa.
„Ich hole Tee und Kekse“, sagt Paula. „Für das Pony.“
Papa kratzt sich am Kopf. „Was für ein Pony?“
„Das Pony, das im Garten steht, natürlich“, erklärt Paula. „Es ist zu Besuch da. Es ist klein und dick und hat einen Hut auf dem Kopf.“
„Einen Hut?“, fragt Papa. Dann zwinkert er Paula zu. „Ach so, das Pony meinst du. Jetzt verstehe ich. Aber die Kekse lässt du besser hier. Ponys mögen lieber Gras und Wasser.“
„Ach so“, sagt Paula. „Na gut.“
„Schöne Grüße an das Pony“, sagt Papa und lacht.
Als Paula wieder in den Garten kommt, hat sich das Pony schon selbst bedient. Es zupft gerade ein paar Grasbüschel und eine Butterblume vom Rasen. Dann kaut es zufrieden.

„Na, das hat dir wohl zu lange gedauert, was?“, sagt Paula.
„Warte, ich hol dir noch was zu trinken.“ Sie schöpft mit einem alten Blumenübertopf Wasser aus der Regentonne und stellt den Topf vor das Pony hin.
Das Pony frisst und trinkt. Dann lässt es ein paar Pferdeäpfel fallen. Mitten auf den Rasen!
„He!“, ruft Paula. „Das macht man aber nicht! Schon gar nicht, wenn man zu Besuch ist.“
Das Pony senkt den Kopf. Bestimmt tut es ihm leid.
„Na gut“, sagt Paula. „Ist ja nicht so schlimm.“
Das Pony wiehert und fängt an, im Kreis herumzulaufen. Immer um die Schaukel herum. Erst geht es ganz langsam im Schritt, dann fängt es an zu traben und schließlich galoppiert es mit wehender Mähne. Paula klatscht begeistert.

„Super!", ruft sie. „Du bist ja fast so schnell wie der Wind!"

Aber das ist noch nicht alles. Zum Schluss führt ihr das Pony einen richtigen kleinen Tanz vor. Es trippelt auf seinen Hufen leichtfüßig vor und zurück. Das sieht lustig aus. Vor allem, weil der dicke Ponybauch dabei hin und her schwappt wie eine Schüssel Wackelpudding. Nach einer Weile bleibt das Pony schnaufend stehen.

„Das war eine tolle Vorführung", sagt Paula. „Arbeitest du vielleicht beim Zirkus?"

Das Pony nickt mit dem Kopf.

„Aha", sagt Paula. „Das merkt man gleich. So gut wie du kann bestimmt kein anderes Pony tanzen. Vielleicht komme ich dich mal im Zirkus besuchen. Das wäre doch lustig, oder?"

Das Pony nickt wieder. Dann wiehert es noch einmal zum Abschied und trabt davon. Paula winkt ihm hinterher. Kaum ist das Pony um die Ecke verschwunden, kommt Papa in den Garten.

„Schade", sagt Paula. „Jetzt hast du das Pony verpasst. Es ist gerade wieder gegangen. Es musste zurück zum Zirkus."

„So, so", sagt Papa. „Ein Zirkuspony mit einem Hut auf dem Kopf – das hat man wirklich nicht alle Tage im Garten. Zu dumm, dass es nicht noch etwas bleiben konnte. Ich hätte es gerne kennengelernt."

„Ja, zu dumm", sagt Paula. „Also, ich geh jetzt schaukeln. Pass auf, dass du nicht in die Pferdeäpfel trittst."

„Welche Pferdeäpfel?", fragt Papa.

Paula zeigt auf den Rasen. „Na, die da. Die hat das Pony fallen gelassen. Aber hinterher hat es ihm leidgetan."

„Aha", sagt Papa und starrt die Pferdeäpfel an.

Dann sagt er erst mal eine Weile gar nichts mehr.

Luise Holthausen

Die ungewöhnliche Fahrt zum Sonnenhof

Es sind Ferien und Laura und ihre Eltern fahren in den Urlaub. Eigentlich wollte Papa ja nach Mallorca in die Sonne. Aber Mallorca ist eine Insel und ziemlich weit weg, und um dorthin zu kommen, muss man sich in ein Flugzeug setzen. Das würde Mama nie machen. „Mich kriegen keine zehn Pferde in ein Flugzeug", sagt sie. Mama hat nämlich Angst vorm Fliegen.
Also fliegen sie nicht nach Mallorca, sondern fahren zum Sonnenhof. Der Sonnenhof ist ein Bauernhof, auf dem es Pferde und Ponys gibt und auf dem die Ferienkinder sogar im Stall helfen dürfen. Darauf freut sich Laura. Pferde sind ihre Lieblingstiere und sie hat auch schon ganz viele Pferdebücher.

Als sie losfahren, ist der Himmel noch ganz blau.
„Na, wunderbar", sagt Papa. „Wenn man schon auf einen Sonnenhof fährt, dann kann man ja wohl auch erwarten, dass die Sonne scheint, oder?"
Aber sie sind kaum eine halbe Stunde unterwegs, da ziehen sich dunkle Wolken zusammen. Nach einer Weile fängt es sogar an zu regnen.
Papa wirft Mama einen Blick zu, als wolle er so was sagen wie „Auf Mallorca regnet es jetzt bestimmt nicht" und stellt den Scheibenwischer an. Draußen wird es immer düsterer, fast so, als wäre es schon Abend. Jetzt schaltet Papa auch noch das Licht ein.
Laura gähnt. Sie fahren und fahren. Hat Mama nicht gesagt, zum Bauernhof ist es gar nicht so weit? „Wann sind wir denn endlich da?", fragt sie.
„Das möchte ich auch gerne wissen", sagt Papa.
Mama studiert die Straßenkarte. „Ich glaube, wir hätten vorhin links abbiegen müssen."
„Dann biege ich eben jetzt links ab." Papa setzt den Blinker und fährt von der Landstraße ab in einen Seitenweg. Nach ein paar Metern wird er ganz holprig, wie ein Feldweg.

„Das stimmt nicht. Wir sind falsch.“ Mama schaut immer noch auf die Straßenkarte.
„Ach was“, sagt Papa. „Das ist eine Abkürzung.“ Er fährt weiter. Laura gähnt wieder. Abkürzung ist gut, denkt sie. Bei einer Abkürzung sind sie schneller da.
Die Straße wird immer schmaler. Der Regen wird immer heftiger. Papa blinzelt. Er fährt um eine Kurve und tritt heftig auf die Bremse.
Es quietscht.
Vor ihnen, mitten auf dem Weg, im strömenden Regen, steht ein großes braunes Pferd und schaut sie an.
„Was ist das denn?“, ruft Mama.
„Ein Pferd“, erklärt Laura hilfsbereit.
„Das sehe ich auch“, knurrt Papa und hupt.
Das Pferd rührt sich nicht vom Fleck.
„Wenn du ganz langsam weiterfährst“, sagt Mama, „dann geht es bestimmt weg.“
Papa tritt vorsichtig aufs Gas und kriecht im Schneckentempo vorwärts.
Das Pferd schnaubt, dann senkt es den Kopf und beginnt das Gras am Wegesrand zu fressen.
Zehn Zentimeter vor dem Pferd bleibt Papa wieder stehen. „Ich kann diesen Gaul doch nicht einfach umfahren!“
Nein, das kann er natürlich nicht. Aber wie sollen sie nun zum Bauernhof kommen?

„Wir wenden und fahren zurück", schlägt Mama vor. Aber Papa schüttelt den Kopf. Zum Wenden ist der Weg zu schmal.
Papa steigt aus, stellt sich in den strömenden Regen und schwenkt die Arme. „Husch!", ruft er. „Platz da!"
Das Pferd grast ungerührt weiter. Papa steigt wieder ein. Seine Haare tropfen. „Ich glaube, das wird heute nichts mehr mit dem Sonnenhof", sagt er. „Wir müssen hier übernachten."
„Unsinn!", widerspricht Mama. „Wir locken das Pferd einfach auf die Seite."
„Versuch es doch", sagt Papa. „Jetzt bist du mal dran, nass zu werden." Er verschränkt die Arme vor der Brust und macht ein Gesicht, das so dunkel ist wie die Wolken am Himmel. Mit diesem Gesicht will er Mama sagen: „Nur weil du nicht fliegen wolltest, sitzen wir jetzt hier im Regen und ein dummes Pferd versperrt uns den Weg."
Mama kramt in ihrer Einkaufstasche, in die sie Proviant für die Fahrt eingepackt hat. „Ich hab Äpfel dabei. Damit kann ich es vom Weg weglocken. Pferde lieben Äpfel."
„Dieses Pferd frisst bestimmt keine Äpfel", sagt Papa schlecht gelaunt.
„Wollen wir wetten?" Schon ist Mama ausgestiegen und geht im Regen auf das grasende Pferd zu. Es hebt den Kopf, als Mama ihm den ersten Apfel zeigt und richtet aufmerksam die Ohren auf. Im nächsten Moment hat es, schwupps, den Apfel aus Mamas Hand stibitzt und zermalmt ihn genüsslich mit seinen großen Zähnen. Überrascht tritt Mama einen Schritt zurück. „Du magst Äpfel, was? Das hab ich mir doch gedacht. Komm, sei ein liebes Pferdchen, geh zur Seite, dann bekommst du noch mehr Äpfel." Sie öffnet ihre Einkaufstasche.
Das Pferd wiehert begeistert, dann reckt es den Hals und versenkt den Kopf in der Tasche. Eine Weile hört man nur das Rauschen des Regens und das Knuspern des Pferdes.
Als Mama wieder ins Auto steigt, tropfen nicht nur ihre Haare, sondern auch ihre Jacke. „Ich hab die Wette gewonnen", erklärt sie. „Dieses Pferd frisst wirklich Äpfel."
Papa schaut das Pferd an, das ihnen nun grasend das Hinterteil zuwendet, und sagt nichts.

„Jetzt bin ich dran", meldet sich Laura vom Rücksitz. Papa schnauft nur. Mama macht ein besorgtes Gesicht. Aber Laura klettert aus dem Auto und geht vorsichtig um das Pferd herum. Ein Pferd darf man nicht einfach so von hinten ansprechen oder anfassen, sonst erschreckt es sich. Das weiß sie aus ihren Büchern.
„Hallo, Pferd", sagt sie.
Das Pferd hört auf zu grasen und schaut sie freundlich an.
Laura streckt die Hand aus. Das Pferd bläst mit seinen Nüstern auf ihre Finger. Es fühlt sich an wie ein warmer Hauch.
„Willst du mit mir zum Sonnenhof gehen?", fragt Laura. „Dort bist du doch bestimmt zu Hause." Sie dreht sich um und geht den schmalen Weg weiter.
Hinter sich hört sie die Tritte von Hufen auf der Erde. Das Pferd folgt ihr.
An der nächsten Biegung wird der Blick frei auf Stallungen und Gebäude. Laura geht auf den Sonnenhof zu. Sie fühlt sich wie eine Zauberin.
Es ist, als würde sie schweben, und das Pferd geht, wie von magischen Kräften gezogen, hinter ihr. Und als sie die ersten Stallungen erreichen, merkt sie, dass es sogar aufgehört hat zu regnen und die Sonne durch die Wolken blinzelt.

Das wilde Pony Fridolin

Das Pony Fridolin lebte mit zwei Ponyfreunden auf einer großen Wiese am Waldrand.
Sein Ponyfreund Waldi war ein besonders lustiges Pony. Nicht nur, weil es einen Hundenamen hatte, über den sich alle kaputtlachten. Nein, es konnte auch besonders herrliche Grimassen schneiden.
Wenn Menschen vorbeikamen und an ihrer Koppel stehen blieben, waren sie immer ganz begeistert von Waldi.
Das Ponymädchen Schnucki hingegen war ein besonders hübsches Pony. Ihr Fell glänzte so sehr und ihre Mähne wehte so prächtig im Sommerwind, dass alle am Zaun immer nur „Ah!“ und „Oh!“ riefen, wenn sie Schnucki sahen.
Fridolin stand dann immer etwas dumm daneben. Er wollte auch gern in etwas ganz besonders sein und dafür bewundert werden. Und so überlegte er, was er denn besonders gut konnte.
Er konnte wunderbar Gras fressen. Aber das konnten die anderen auch.
Er konnte laut wiehern. Aber das konnten die anderen auch.
Er konnte im Stehen schlafen. Aber das konnten die anderen auch.
Lange stand Fridolin in einer Ecke der großen Weide und überlegte.
Da summte eine gemeine Stechfliege um ihn herum.
Er versuchte, ihr mit seinem Schweif Angst einzujagen und sie in die Flucht zu schlagen. Doch die Bremse ließ sich nicht vertreiben. Stattdessen setzte sie sich auf Fridolins Bauch und stach ihn – *piks!* – durch sein Fell!

Das tat weh! Fridolin bäumte sich wiehernd auf und rannte dann, so schnell er konnte, los, einmal quer über die Koppel und zurück. Dabei schlug er immer wieder und wieder aus, warf den Kopf herum und schnaubte so laut, dass alle Vögel auf der Wiese erschrocken aufflogen.

Erst nach ein paar Minuten ließ der Schmerz von dem Bremsenstich ein bisschen nach. Und als Fridolin dann in der Nähe des Zaunes zum Stehen kam, fiel ihm auf, dass da ein paar Menschen standen, die ihn atemlos beobachteten.

„Das ist aber ein besonders wildes Pony!", sagte eine Frau und trat vorsichtshalber einen Schritt hinter ihren Ehemann.

„So ein wildes Pony habe ich wirklich noch nie gesehen", meinte auch ihr Mann. „Wir müssen unbedingt den anderen davon erzählen!"

Den anderen?, dachte Fridolin. Wer sind denn die anderen?

Am nächsten Tag kamen die Leute zurück. Diesmal brachten sie noch ein anderes Ehepaar mit und ein paar Kinder.

„Geht nicht zu nah an den Zaun ran!", warnte der Mann von gestern die neu Dazugekommenen. „Dieser Fridolin ist ein ganz wildes Pony!"

Fridolin begriff. Nun gut, wenn sie ein besonders wildes Pony haben wollten, dann sollten sie es auch bekommen!

Er raste wieder über die Koppel, schlug aus, wieherte schrill und warf seinen Kopf herum, dass seine Mähne flog.

Als Waldi und Schnucki mitbekamen, wie die Menschen Fridolin bei seinen wilden Sprüngen zusahen, gaben sie sich mächtig Mühe. Waldi schnitt ein paar Grimassen, dass man eigentlich Bauchweh vor Lachen hätte bekommen müssen. Doch niemand sah hin.

Schnucki trabte ein bisschen am Zaun auf und ab und ließ ihre hübsche weiche Mähne im Wind flattern. Doch niemand beachtete sie.

Alle sahen nur mit großen Augen auf das wilde Pony Fridolin.

Die Leute, die den wilden Fridolin sehen wollten, wurden täglich mehr. Jeden Tag musste er nun über die Weide rasen, sich wild gebärden und mit den Hufen trommeln.

Ja, er war wirklich eine kleine Berühmtheit geworden!

Allerdings hatte sein wilder Ruf auch Nachteile.

Wenn die Leute am Zaun wieder heimgehen wollten und vorher ein paar Mohrrüben verteilten, trauten sie sich meistens nicht, Fridolin eine hinzuhalten.
Und hinter den Ohren kraulen wollte ihn erst recht niemand mehr. Dabei hatte Fridolin das immer ganz besonders gern gehabt!
Alle bewunderten ihn wegen seiner Wildheit, aber niemand traute sich noch in seine Nähe. Es war traurig, aber wahr: Fridolins Berühmtheit hatte ihn einsam gemacht. Und er hatte immer öfter schlechte Laune deswegen.

Fridolin war gerade sehr schlecht gelaunt, als eines Tages eine Familie den Weg entlangkam und am Zaun stehen blieb.
Fridolin wusste, was die Leute von ihm sehen wollten, aber er hatte einfach keine Lust, herumzurennen und auszuschlagen. Also blieb er stur in einer Ecke der Weide stehen und ließ den Kopf hängen.
Plötzlich jedoch hörte er laute Stimmen vom Zaun her.
„Laura! Nicht! Was tust du da?“, rief eine ängstliche Frauenstimme.
Fridolin sah auf und traute seinen Augen kaum.
Da stapfte ein Mädchen über die Wiese schnurstracks auf ihn zu. Es bestand kein Zweifel: Die Kleine mit der frechen Kurzhaarfrisur wollte zu ihm!
„Walter! Nun tu doch was!“, kreischte die Frau am Zaun.
Doch ihr Mann stand nur starr vor Schreck dort und rührte sich nicht.
„Laura, komm sofort zurück! Das soll ein ganz wildes Pony sein, hat man uns erzählt. Es wird dich beißen! Es wird dich umrennen! Es wird dich zertrampeln!“, schrie die Frau.
Fridolin erschrak sehr, als er das hörte. Beißen? Umrennen? Zertrampeln? War es das, was die Leute von ihm dachten?
Doch Laura achtete nicht auf das, was ihre Mutter rief. Sie streckte vorsichtig die Hand aus und ließ Fridolin daran schnuppern. „Das kitzelt ja!“, sagte sie kichernd, als seine weichen Nüstern ihre Finger berührten.
„Warum stehst du denn so alleine hier herum?“, fragte sie dann weiter und streichelte ihn ein bisschen am Hals. „Du lässt den Kopf ja richtig hängen. Bist du krank? Oder einfach nur traurig?“
Fridolin hätte ihr so gerne erzählt, wieso er traurig war. Er hätte ihr so gerne erzählt, wie es dazu gekommen war, dass nun alle dachten, er sei ein besonders wildes Pony. Und wie ihn das alles ganz einsam gemacht hatte. Doch leider konnte Fridolin nur wiehern. Und das verstand Laura nicht.
So stand er einfach nur ruhig da und staunte darüber, wie schön es war, wenn jemand ihn ein bisschen streichelte.
Diese Laura ist wirklich ein besonders nettes Mädchen, dachte Fridolin.
Und dann hörte er die Stechfliege.
Ihr Gesumme kannte er nur zu gut!

Er schlug vorsichtshalber gleich mit dem Schweif und sah sich um. Aber er konnte sie nirgends entdecken. Was, wenn sie ihn wieder in seinen empfindlichen Bauch stechen würde?

Laura hatte die Stechfliege auch gehört. Sie sah ihr zu, wie sie um Fridolin herumflog.

„Ganz ruhig, Fridolin", sagte Laura.

Fridolin zitterte. Ein Bremsenstich tat so furchtbar weh und er hatte große Angst davor. Aber er hielt wirklich ganz still. Laura wartete, bis die gemeine Stechfliege sich auf Fridolins Hintern setzte. Dann holte sie aus und gab ihm einen schwungvollen Klaps auf genau diese Stelle. Die Bremse fiel zu Boden.

„Na, wie hab ich das gemacht?", fragte Laura ihn dann.

Fridolin war wirklich heilfroh, dass er nicht wieder gestochen worden war, und rieb dankbar seinen Kopf an ihrer Schulter.

„Sieh nur, Walter", rief die Frau am Zaun. „Laura hat das wilde Pony gezähmt!"

„Denen haben wir es aber gezeigt, wie?", sagte Laura leise zu Fridolin. Und als er den Kopf zu ihr herunterbeugte, kraulte sie ihn hinter den Ohren.

Ach! Das war so herrlich und wunderbar, dass Fridolin zufrieden schnaubte und die Augen schloss.

Zum Abschied gab Laura ihm noch alle Karotten, die sie in der Tasche hatte, und flüsterte ihm zu: „Bis morgen, du wildes Pony, du!"

Von da an versuchte Fridolin nicht mehr, besonders wild zu sein.

Eigentlich versuchte er nun gar nicht mehr, besonders zu sein: weder besonders schön noch besonders witzig noch besonders klug.

Denn für Laura war Fridolin trotzdem das tollste Pony auf der ganzen Welt!

Maja von Vogel

Ponys sind doch Mädchenkram – oder?!

„Ponys sind doofer Mädchenkram", sagt Tim. „Damit will ich nichts zu tun haben."

Er setzt sich auf die Bank neben der Weide und starrt missmutig vor sich hin. Warum mussten sie mit der Kindergartengruppe bloß einen Ausflug zum Ponyhof machen? Tim wäre viel lieber zum Baggersee gefahren. Oder in den Zoo. Aber die anderen finden Ponys toll, besonders die Mädchen.

„Guckt mal, wie niedlich", ruft Mareike und streichelt ein braunes Pony, das direkt am Zaun steht.

„Dürfen wir nachher auch mal reiten?", fragt Sophie.

Beate, die Frau vom Ponyhof, nickt. „Na klar. Jeder sucht sich ein Pony aus und dann führe ich euch herum."

Tim betrachtet die Ponys und überlegt, welches er sich aussuchen würde.

Aber eigentlich will er ja gar nicht reiten. Da hebt das braune Pony plötzlich seinen Schweif und lässt ein paar dampfende Pferdeäpfel auf die Weide fallen.

„Iiih!", ruft Mareike und macht schnell einen Schritt nach hinten. „Das Pony hat auf die Weide gekackt!"

Das braune Pony schüttelt seine Mähne und wiehert. Tim kichert. Es sieht fast so aus, als würde das Pony Mareike auslachen. Vielleicht sind Ponys ja doch nicht so blöd. Tim steht auf und geht langsam zum Zaun hinüber.

„Das ist Schoko", sagt Beate. „Er ist ganz schön frech. Aber du kannst ihn ruhig streicheln, er tut dir nichts."

Es gefällt Tim, dass Schoko frech ist. Denn das ist er selbst manchmal auch.

„Hallo, Pony", sagt Tim und legt seine Hand auf Schokos Hals.

Das Pony bleibt ganz ruhig stehen und schnaubt zufrieden.

„Ich glaube, Schoko mag dich", sagt Beate.

„Meinst du?", fragt Tim. „Ich wusste gar nicht, dass Ponys so ein weiches Fell haben."

Tim streichelt immer wieder über Schokos Hals. Das Fell fühlt sich ganz warm an.
„Willst du nachher auf Schoko reiten?", fragt Beate.
Tim nickt. Da schnaubt Schoko ihm direkt ins Gesicht.
„He, du Frechdachs!", ruft Tim. Das sagt seine Mutter auch immer zu ihm.
Während Beate den anderen Kindern den restlichen Ponyhof zeigt, bleibt Tim bei Schoko.
„Ich pass lieber auf, dass er nichts anstellt", sagt er.
Tim und Schoko verstehen sich prima. Sie pusten sich gegenseitig an, laufen am Zaun entlang und spielen „Wer wiehert am lautesten?". Natürlich gewinnt Schoko.
Dann kommen die anderen zurück und die Reitstunde beginnt. Tim ist als Erster dran.
Sein Herz klopft, als Beate ihn auf Schokos Rücken hebt. Von unten sah Schoko nicht so groß aus.
„Jungs können doch gar nicht reiten!", sagt Mareike und Tim streckt ihr schnell die Zunge raus.

„Wirf mich bloß nicht ab!“, flüstert er Schoko ins Ohr.
Schoko schnaubt und geht langsam los. Beate führt ihn am Halfter.
„Ganz schön wackelig“, sagt Tim und hält sich an Schokos Mähne fest.
Aber er fällt nicht runter. Und mit der Zeit gewöhnt er sich auch an das Schaukeln.
Eigentlich ist Reiten gar nicht so übel.
„Prima!“, sagt Beate, als sie wieder am Gatter ankommen.
„Darf ich noch eine Runde reiten?“, fragt Tim. „Bitte!“
„Später vielleicht“, sagt Beate und hebt Tim von Schokos Rücken. „Jetzt sind erst mal die anderen dran.“
„Für einen Jungen reitest du gar nicht so übel“, sagt Mareike. „Aber ich dachte, du willst nichts mit Ponys zu tun haben.“
„Ich hab's mir anders überlegt“, sagt Tim und streichelt Schokos Rücken. „Manche Ponys sind eben auch was für Jungs.“

Vanessa Walder

Pony in Pink

Leon ist unruhig. Er knabbert an seinem Stroh und scharrt dabei mit den Hufen. Heute ist Dienstag. Jeden Dienstag, Donnerstag und Sonntag kommt Marie. Marie ist ein kleines Mädchen und Leons Besitzerin.
Eigentlich findet Leon kleine Mädchen nett. Die anderen Ponys auf dem Hof gehören fast alle kleinen Mädchen. Die Ponys werden gefüttert, gestriegelt und gestreichelt. Wenn sie Ausritte machen, ist das immer lustig. Die kleinen Mädchen sind nämlich nicht sehr schwer.
Nur Leons kleines Mädchen ist eine Plage!
Marie hat nämlich offenbar nicht kapiert, dass Leon ein männliches Pony ist. Wenn sie kommt, macht sie immer Zöpfchen in Leons Mähne und Schweif. Sie steckt kleine rosa Spangen und Schleifen hinein. Sogar die Satteldecke ist rosa.
Die anderen Ponys machen sich dann immer über Leon lustig.
Aber niemand hilft ihm! Maries Eltern lachen nur, wenn sie Leons rosa Schleifen sehen. Dabei ist das eindeutig Tierquälerei!
Gleich wird Marie kommen und ihn wieder in ein rosa Bonbon verwandeln. Leons Ohren zucken nervös. Und dann hört er sie auch schon. Marie trällert ein Lied und hüpft die Stallgasse entlang. Vor Leons Box bleibt sie stehen.
„Hallo, Leon!“, ruft Marie entzückt.
Leon schnaubt. Ein Wunder, dass sie ihn nicht Leonie nennt!
„Hast du Lust, spazieren zu reiten?“, fragt die Kleine.
Natürlich hat er Lust darauf. Er hat nur keine Lust, dabei die rosa Satteldecke zu tragen. Und eine rosa Schleife will er auch nicht an seinem Hinterteil haben.
„Ich hab dir was Schönes mitgebracht“, sagt Marie, als sie in die Box kommt.
Sie öffnet ihren Rucksack und holt jede Menge rosa Sachen heraus. Leon schnaubt und dreht sich weg. Was ist nur los mit dem Mädchen? Doch es gibt kein Entkommen. Marie bürstet Leons Mähne und macht ihm Zöpfchen mit Schleifen dran. Erst dann führt sie ihn aus dem Stall.

Leon blickt sich auf dem Hof um. Er hat Angst, dass andere Ponys ihn sehen könnten. Aber im Moment steht nur ein einziges Pony auf dem Sattelplatz. Leon hat es noch nie gesehen. Es muss neu hier sein.
„Tag, Kollege", wiehert Leon leise.
Doch das andere Pony antwortet nicht. Es sieht Leon nur gequält an. Das Pony gehört wohl dem kleinen Jungen, der es gerade striegelt. Der Junge trägt einen Cowboyhut und Westernstiefel.
„Schau, ein Cowboy", flüstert Marie Leon ins Ohr. Dabei legt sie ihm die rosa Satteldecke auf.
Das andere Pony hat eine schwarze Satteldecke. Leon ist neidisch. Warum kann er nicht einem kleinen Cowboy gehören?
„Was machst du denn da?", ruft Marie plötzlich. Sie hat den Jungen beobachtet und geht jetzt auf ihn zu. „Du darfst dein Pony nicht gegen den Strich bürsten!"
Jetzt sieht Leon es auch. Der Junge bürstet sein Pony falsch. Deshalb sieht es so gequält aus.
„Was geht dich das an?", ruft der Junge. „Hau bloß ab, Kleine!" Er wirft einen Blick auf Leon. „Dein Pony hat ja Zöpfchen! Und eine rosa Schleife! Mann, ist das doof!" Der Cowboy lacht sich schlapp.
Marie wird unsicher. Ihre Unterlippe fängt an zu zittern, als würde sie gleich weinen. Leon wird sauer. Für wen hält sich der Cowboy?
Der Junge greift in seine Jackentasche und holt eine Dose heraus. Den Inhalt verteilt er in der Mähne seines Ponys.
„Spinnst du?", kreischt Marie. „Das ist Haargel für Menschen. Das darfst du nicht!"
„Du bist bloß sauer, weil mein Zorro viel cooler aussieht als dein blödes Pony!", schnauzt der Junge Marie an.
Dann holt er eine Spraydose aus seinem Rucksack und sprüht den Kopf des Ponys ein. Das Pony macht einen Satz zur Seite und wiehert: „Au, verdammt, das brennt! Aufhören, dämlicher Knirps!"
Natürlich kann das nur Leon verstehen. Trotzdem stürmt Marie auf den Jungen zu und reißt ihm die Dose aus der Hand.
„Das ist mein Pony!", kreischt der Junge empört. „Mit dem darf ich machen, was ich will."

„Du Tierquäler!", brüllt Marie ihn an. „Das erzähle ich der Hofleitung."
Sie wirft Leon noch einen Blick zu und stürmt davon. Der Junge folgt ihr.
„Keine Sorge", sagt Leon zu Zorro. „Das macht der nie wieder."
„Mir tun immer noch die Augen weh!", heult Zorro. „Dieser fiese Plagegeist!"
Marie kommt mit dem Hofbesitzer zurück. Der Junge geht ihnen langsam hinterher. Er sieht plötzlich sehr kleinlaut aus. Der Hofbesitzer ist stinksauer.
„Wenn deine Eltern das hören, kannst du dich auf etwas gefasst machen!", sagt er.
Der Junge muss sein Pony waschen. Der Hofbesitzer steht mit verschränkten Armen daneben.
Als Marie diesmal auf dem Trainingsplatz ihre Runden reitet, trägt ihr Pony den Kopf ganz hoch. Und die rosa Schleifen? Auf die ist Leon so stolz, als wären es Orden.

Hilke Rosenboom

Ein Pferd namens Milchmann

An einem Tag im Mai war Herman allein zu Haus. Er stand in der Küche und war eben dabei, die Umrisse eines Ritters in die Butter auf seinem Brot zu ritzen. Dazu wollte er Kakao trinken, mit ganz viel Kakaopulver und möglichst wenig Milch. So war das Leben zum Aushalten, fand Herman. Da hörte er plötzlich, wie draußen jemand hustete.

Heute war er nicht in der Schule. Mit leichtem Fieber kann man kein Diktat schreiben, das hatte sogar Hermans Vater eingesehen, der sonst dafür war, dass neunjährige Jungen ihr leichtes Fieber unterdrücken und sich benehmen wie ein Mann.

Herman versuchte sich wie ein Mann zu benehmen und spähte um die Ecke. Wenn ein Mann ein ungewohntes Geräusch hört, schaut er nach, was es ist. Auch wenn er leichtes Fieber hat. Auch wenn das Geräusch nicht aus dem Haus kommt, sondern von irgendwo aus dem einsamen Garten. Aber hinter Hermans Haus gab es keinen einsamen Garten. Es gab eine Terrasse und – kein Zweifel – auf der Terrasse war jemand und hustete.

Es war ein riesiges Pferd. Es war größer als alle Tiere, die Herman bisher in der Nähe seiner Straße gesehen hatte, und es blickte mit seinen riesigen Augen, die aus seinem riesigen Kopf hervorschauten, in Hermans Richtung.

Herman legte sein angebissenes Butterbrot auf die Ecke des Couchtisches und machte ein paar Schritte auf das Pferd zu. Das Pferd machte nur einen Schritt und warf mit seinem gewaltigen Hintern den Gartengrill um.

Obwohl zwischen ihnen die Fensterscheibe war, konnte Herman erkennen, dass das Pferd Angst hatte. Seine olivfarbenen Augen blickten mild und ängstlich und seine gewaltigen Lippen zitterten. Das sah aus, als würde es gleich anfangen zu heulen.

Herman öffnete die Terrassentür und trat einen Schritt weit hinaus. Das Pferd zuckte leicht zusammen. „Wahnsinn“, sagte Herman. „Wo kommst du denn her?“

„Pphhrr", machte das Pferd.

Herman verstand sofort. Pphhrr hieß natürlich: „WEISS ICH DOCH NICHT, MANN."

Herman stand jetzt so nah am Kopf des Pferdes, dass er seinen warmen Atem spüren konnte. Das Pferd trug eine Art Stirnband aus einem schmutzigen Stoff, damit sah es ein wenig aus wie ein schwedischer Tennisspieler. Oben auf dem Band standen zwei Buchstaben.

„MM, ist das dein Name?", fragte Herman. „Wofür steht das?" Er überlegte eine Weile, so lange, bis das Pferd unruhig von einem Fuß auf den anderen trat. „Magisches Monster könnte es heißen", sagte Herman, aber das Pferd sah ihn nur abfällig von oben herab an.

„Vergiss es", sagte Herman. „Ich schätze mal, dass es etwas Praktisches bedeutet, vielleicht so etwas wie Milch Mann." Das Pferd bewegte seinen riesigen Kopf ein ganz kleines bisschen auf und ab. Nickte es? Oder machte es sich über ihn lustig? Oder schrieb man Milchmann vielleicht in einem Wort?

„Wir bleiben mal bei Milchmann", sagte Herman und versuchte den Tonfall seines Vaters nachzuahmen. Wir bleiben mal bei der Sache. Wir bleiben mal bei Obst statt Süßigkeiten. Wir bleiben in diesem Sommer mal hier.

„Na, Milchmann?", fragte Herman und berührte das Pferd vorsichtig am Hals. Der Hals war warm und dick und fest. Das Fell darauf war säbelkurz und seidig.

MM

Wenn das Tier den Kopf gesenkt hielt, so wie jetzt, dann waren die riesigen Nasenlöcher auf Hermans Augenhöhe. Man konnte halb reingucken. Innen waren sie rosa, genau wie bei dem alten Friseur in der Stadt, der Herman und seinem Vater immer die Haare schnitt. „Hast du dich vielleicht verlaufen?"
Milchmann schüttelte den Kopf. Dabei flog die graue Mähne wild hin und her und als sie sogar Hermans Gesicht streifte, fühlte sich das hart und borstig an. Dann machte Milchmann einen kleinen Schritt auf ihn zu, streckte seinen riesigen Kopf durch die Terrassentür nach innen und linste hinein.
„Stopp!", rief Herman, doch da klapperten schon die Vorderhufe auf dem Parkett. Herman hielt nach einer Stelle am Körper des Pferdes Ausschau, an der er es zurückhalten konnte. So eine Stelle gab es nicht. Milchmanns Fell war aalglatt und er trug auch keinen Sattel. Nun drängte Milchmann sich mit seinem prallen Bauch an Herman vorbei und klemmte ihn an die Scheibe der Terrassentür, als sei er ein Fensterbild aus Gummi. „Ifff", machte Herman und war froh, als Milchmann es endlich geschnallt hatte, seinen gewaltigen Hintern, die fetten Oberschenkel und die suppentellergroßen Hinterhufe über die Schwelle der Terrassentür nach innen zu quetschen.
„Das geht aber nicht!", rief Herman. Seine Eltern schätzten es nicht, wenn er Besuch ins Wohnzimmer ließ. Eigentlich meinten sie dabei vor allem Menschen, Kinder, aber gegen ein Pferd würden sie auch etwas haben, da war Herman sich sicher. Und zwar wegen der Größe.
Hermans Eltern fanden ihn zwar auch schon groß, weswegen seine Mutter im vergangenen Winter wieder angefangen hatte zu arbeiten. Aber ansonsten hatten sie eine Abneigung gegen alles Große: gegen große Autos und große Ansprüche, gegen zu große Scheiben Wurst auf dem Brot und gegen große Worte. In Hermans Familie wurden die kleinen Dinge hochgehalten, zu Weihnachten und zu den Geburtstagen gab es kleine Aufmerksamkeiten und man tat sich gegenseitig kleine Gefallen.
Jetzt stand das Pferd mit hängendem Kopf in der Mitte des Wohnzimmers und sein riesengroßer Hintern drohte, die Bücher in die Bücherwand zu drücken und die Obstschale von der Anrichte zu rasieren. Herman drängte sich an den Flanken des Pferdes vorbei, um zu sehen, was vorne vor sich ging.

Das Pferd ließ seinen Kopf über den Couchtisch hängen und versuchte mit seiner Unterlippe die Brotscheibe hochzuflippen, die Herman dort abgelegt hatte. Zuerst gelang das nicht, aber plötzlich stülpte das Pferd die Lippen auf, zeigte eine Reihe riesiger gelber Zähne und verschlang die Brotscheibe mitsamt eingeritztem Ritter. Es kaute ein paarmal unentschlossen in die eine und unentschlossen in die andere Richtung. Dann schluckte es und sah Herman herausfordernd an. Kein Zweifel. Das Pferd war ihm zugelaufen. Und es hatte Hunger. Herman saß mit angewinkelten Beinen im Lesesessel seines Vaters. Sein Gehirn arbeitete auf Hochtouren. Was konnte er dem Pferd anbieten? Frühstückte ein Pferd überhaupt? Und was schmeckte ihm? HAFER! Die Frühstücksflocken, fand Herman, waren mit das Schlimmste in seiner Familie. Es gab immer nur die eine Sorte und es gab sie in rauen Mengen. Sie schmeckten staubig, mehlig, spelzig, mampfig,

dumpf und überhaupt nicht süß. Das würde dem Pferd gefallen. Zumindest, wenn es wirklich Hunger hatte. Wenn man wirklich Hunger hat, schmeckt noch die trockenste Flocke, sagte Hermans Vater immer.
„Warte hier!", beschwor Herman das Pferd und wand sich an ihm vorbei in Richtung Küche. Aber das Pferd bewegte sich ohnehin nicht. Es schien völlig in sich versunken zu sein. Dann hob es den Schweif und äpfelte auf den Teppich, direkt vor den Fernseher. Das Pferd äpfelte elf Äpfel, einen nach dem anderen. Dann hörte es auf und sah sich kurz nach hinten um.
Herman fackelte nicht lange. Er schoss in die Küche und zog das Kehrblech aus dem Besenschrank. Der Duft der Pferdeäpfel schoss hinter ihm her und umhüllte Herman, der vor dem Schrank kniete und fieberhaft nach einem Gegenstand suchte, mit dem er die Pferdeäpfel auf das Kehrblech schieben konnte. Der Handbesen mit seinen weichen Haaren ging schon mal nicht. Das würde eine schöne Ferkelei werden. Er entschied sich für den Teigschaber, riss die kleine durchsichtige Salatschüssel aus dem Schrank, schüttete sie mit Haferflocken voll und flitzte zurück ins Wohnzimmer. Das Pferd hatte sich unterdessen die drei Äpfel aus der Obstschale genommen. Den letzten kaute es immer noch. Ehe Herman sich's versah, steckte es sein riesiges Maul in die Salatschüssel, mampfte kurz und schlabberte sich mit seiner großen rosa Zunge um die Lippen. Dann blickte es Herman gespannt an.
Die elf Pferdeäpfel lagen locker auf dem kleinen bunten Teppich vor dem Fernseher, auf dem Hermans Mutter immer ihre Yogaübungen machte. Sie ließen sich ganz leicht mit dem Teigschaber auf das Kehrblech schieben. Herman hoffte inständig, dass sie keinen Geruch auf dem Teppich hinterlassen würden. In den Mülleimer in der Küche jedenfalls konnte er die Pferdeäpfel nicht werfen. Da würden sie gefunden werden. Herman musste die Pferdeäpfel nachhaltig loswerden, überlegte er. Vielleicht konnte er sie ins Klo werfen. Obwohl es insgesamt doch recht viele waren. Da fiel Herman das Rosenbeet ein. Das Rosenbeet lag im Vorgarten und es wuchsen drei magere Rosen darin, für jeden aus Hermans Familie eine. Die Rosen, dachte Herman jetzt, konnten ALLE etwas Dünger vertragen.
Draußen war es plötzlich viel wärmer geworden. Als Herman einen Fuß auf die kleine Außentreppe setzte, spürte er, wie sehr sich die Steine erwärmt hatten.

Über der Hecke summte sogar eine Biene. Mit seiner alten Kinderschaufel ließ sich in der lockeren Erde des Rosenbeetes ganz leicht ein gewaltiges Loch graben. Alle Pferdeäpfel passten auf Anhieb hinein. Herman drückte schnell noch die Erde fest, dann sprang er auf die Füße und flitzte ins Haus zurück. Er hatte schon einmal irgendwo gehört, dass Pferde im Stehen schlafen können. Aber dass das ausgerechnet bei ihnen im Wohnzimmer klappen würde, hatte er nicht vermutet. Mit ihrem Wohnzimmer war nämlich was nicht in Ordnung. „Ich bin wie gerädert", stöhnte der Vater manchmal, wenn ER die Nacht im Wohnzimmer verbracht hatte, und zwar auf der Couch. Und Hermans Mutter klagte, dass es der reinste Horror sei, wenn SIE einmal im Wohnzimmer nächtigte.
Milchmann indes schlief im Wohnzimmer offenbar ganz ausgezeichnet und das sogar im Stehen, und er sah dabei so unerschütterlich aus wie ein großer grauer Felsbrocken. Sein dicker melierter Kopf baumelte mit hängender Mähne über dem Couchtisch. Manchmal zuckte seine Haut ein wenig. Oder sein Schweif bewegte sich leicht hin und her, wie von einem Lufthauch gebauscht. Im Sonnenlicht über ihm flirrten Staubkörnchen. Das machte ihn sehr geheimnisvoll, so als ob er aus einem Nebel entstanden wäre. Seine olivfarbenen Augen waren ins Nichts gerichtet, das sich offenbar direkt auf einem der beiden blauen Sofakissen befand. Dazu schnarchte er leicht.
Das schlafende Pferd sah gemütlich aus, fand Herman. Er hätte sich gerne etwas an seine Seite gelehnt, nur ganz kurz, um zu sehen, ob er auch im Stehen schlafen könnte. Aber dann piepste das Telefon und er schreckte hoch. Babir war dran. Das heißt, Babir würde gleich dran sein. Vor Babir meldete sich immer zuerst Babirs Mutter, nur um sicherzugehen, dass Babir auch die richtige Nummer gewählt hatte und nicht die eines Kinderhändlers. Babirs Familie kam aus Indien – einem Land, in dem sich die Mütter anscheinend besonders viele Sorgen um neunjährige Söhne machten.
„Oh, Mann", sagte Herman, nachdem er Babirs Mutter endlich erklärt hatte, warum er heute nicht in der Schule war und dass er wahrscheinlich nicht die Pest, die Cholera oder die hinterneuseeländische Tüpfelgicht hatte, sondern nur ganz wenig normales Fieber. Und dass auch das bereits abgeklungen war. „Kannst du schnell herkommen? Hier ist ein Pferd!"

„Echt?" Babirs Stimme klang, als ob er gerade ein Stück Schokolade aß, und er stellte eine Frage nach der anderen, wie ein Staatsanwalt. „Warum warst du nicht in der Schule? Wusstest du nicht, dass wir ein schweinelanges Diktat schreiben? Was für 'n Pferd ist es?"
Herman hatte die Stimme etwas gesenkt, um Milchmann nicht aufzuwecken. „Ein ziemlich großes Pferd. Und es steht bei uns im Wohnzimmer. Du musst kommen!"
„Woher hast du das Pferd?"
„Ist mir heute Morgen zugelaufen", antwortete Herman.
„Sagtest du Pferd oder sagtest du Katze?", fragte Babir sachlich.
„Pferd, Mann, es ist ein Pferd. Du musst kommen!"
Babir atmete genervt ein. „Und was soll ich mit meiner Mutter machen?"
Dann war das Gespräch unterbrochen. Herman aber hatte das plötzliche Gefühl, dass Milchmann und er nicht mehr alleine waren. Auch Milchmann schien die Gefahr zu spüren, denn er wachte auf, hob den Kopf, drehte sich etwas und blickte ängstlich zum Fenster hinaus. Herman hatte Frau Grünholz fast nicht erkannt, denn die Fensterscheibe war nicht gut geputzt und ihr Gesicht war verzerrt. Frau Grünholz war die Nachbarin zur Linken, ein absoluter Fachmann für Spionage aller Art.

„Auf eurer Terrasse riecht es komisch", rief Frau Grünholz und stellte den Gartengrill wieder auf die Füße. Ihre Augen waren klein und gekräuselt wie das Innere von Stiefmütterchen. Sie fixierte Herman. Sie fixierte Milchmann. Dann öffnete sie den Mund und setzte zu einem Schrei an, der im kompletten Wahnsinnsweg zu hören war. „Iiiiiiihhhh!", machte Frau Grünholz. „Ein Pferd ist in ein Haus eingedrungen und bedroht einen kleinen Jungen!"

Frau Grünholz kletterte über die Terrassenwand in ihren eigenen Garten zurück und war im nächsten Augenblick aus Hermans und Milchmanns Sichtfeld verschwunden. „Polizei!", hörte er Frau Grünholz noch schreien. „Feuerwehr! Tierfänger! Betäubungsgewehr! Zu Hilfe doch!"
Milchmann war starr vor Furcht. Er stand jetzt ganz nahe am Sofa und es war ihm anzusehen, dass er sich am liebsten draufgeworfen und unter der karierten Decke verkrochen hätte. „Schnell!", rief Herman. „Wir müssen hier weg. Die kommen bestimmt gleich und holen dich. Am besten vorne raus!"
Milchmann sah ihn entgeistert an. Wenn Herman den Arm weit hochstreckte, konnte er Milchmann am Halfter fassen. Herman machte zwei Schritte in Richtung Flur und zog aus Leibeskräften. Milchmann setzte zögernd einen Fuß vor den anderen. Die Wohnzimmertür war zum Glück einen Hauch breiter als die Terrassentür. Aber direkt nach der Wohnzimmertür kam eine enge Kurve, da, wo es oben zur Treppe ging, geradeaus zum Klo, rechts zur Küche, links zur Garderobe und schräg links zur Haustür. Fast wäre Milchmann stecken geblieben. Er musste seinen runden Leib um die Kurve winden wie eine dicke Schlange. Herman hatte nicht gedacht, dass das Pferd so dermaßen gelenkig war.
„Puff", machte Milchmann, als sie endlich um die Ecke waren.
„Jammere nicht", rief Herman, „wir haben keine Zeit!"
Er öffnete die Haustür und spähte in alle Richtungen. Zum Glück war niemand auf der Straße. Milchmanns Hufe klapperten auf der Einfahrt. „Schnell hier rein!", rief Herman, öffnete mit einer Hand das Garagentor und drückte Milchmanns dicken Hintern mit der flachen Hand ein wenig voran. „Mach bitte keinen Mucks!"
„Phhrr", machte Milchmann. Herman rannte hinaus, riss das Garagentor wieder nach unten und war mit einem Satz im Haus verschwunden.

Barbara Peters

Millas Geheimhorn

Hurra! Reiterferien auf dem Ponyhof „Sonnenglück"! Milla schleppt ihre Tasche in das Zimmer, das sie sich mit drei anderen Mädchen teilen soll. Die drei hocken auf einem Bett und kichern und quasseln miteinander. Bestimmt sind sie total gute Freundinnen. Zu Milla sagen sie nur kurz „Hallo!". Blöd. Jetzt weiß Milla gar nicht, wie sie heißen, und fragen traut sie sich nicht. Die drei sind so beschäftigt, sie wollen bestimmt nicht mit ihr reden.

Mama sagt immer, dass Milla nicht so schüchtern sein soll. Aber das ist nicht so einfach. Milla denkt manchmal, dass andere Kinder sie doof finden, und dann ist Millas Mund wie zugeklebt. Und mit zugeklebtem Mund kann man einfach nicht reden.

Milla schluckt und lässt ihre Tasche neben das freie Bett plumpsen. Langsam geht sie wieder hinaus auf den Hof. Schade, dass sie nicht mit den Mädchen gesprochen hat, aber sie ist sowieso nur wegen der Ponys hier. Zum Glück beginnt die erste Reitstunde gleich. Die will Milla auf keinen Fall verpassen.

Die Reitlehrerin Sonja steht schon mit anderen Kindern auf dem Vorplatz. Als sie Milla sieht, fragt sie freundlich: „Wo sind denn Klara, Sina und Kim?"

Aha, so heißen ihre Zimmergenossinnen also.

Bevor Milla etwas sagen kann, stürmen die drei über den Hof und Sonja öffnet die Stalltür: „Bitte! Sucht euch ein Pony aus."

Milla rennt aufgeregt in den Stall, in dem es warm und dämmerig ist. Einzelne Sonnenstrahlen fallen durch die schmalen Fenster in die Pferdeboxen. Es duftet nach Heu und – mmmmh! – nach Ponys. Die meisten Kinder waren schon öfter auf dem Hof. Sie kennen die Ponys und entscheiden sich schnell.

„Schau dich ruhig um, Milla", sagt Sonja.

Vor der letzten Box bleibt Milla stehen. Silberfell steht auf dem hölzernen Schild an der Boxentür. Das ist ein schöner Name! So könnte ein Märchenpferd heißen.

Ein knuffiges graues Pony hängt seinen Kopf über die Boxentür und schaut Milla mit dunklen Augen an. Als sie es vorsichtig streichelt, schnaubt das Pony. Es schnuppert an Millas Arm, legt seinen Kopf auf ihre Schulter und streift mit seinem weichen Fell ihre Wange. Das fühlt sich gut an.

Die erste Reitstunde macht total viel Spaß. Silberfell ist superlieb und weiß immer genau, was Milla will. Nach einer Weile traut sie sich sogar zu traben. Was für ein herrliches Gefühl!
Klara, Sina und Kim sind richtig gute Reiterinnen. Sie galoppieren blitzschnell um den Reitplatz und reden dabei die ganze Zeit. Ab und zu lachen sie laut. Milla schaut sich um. Worüber lachen sie nur? Etwa über Milla? Macht sie etwas falsch?
„Halt die Zügel etwas tiefer, Milla!", ruft Sonja. „Ja, so! Prima!"
Milla konzentriert sich wieder auf ihr Pony.

Als Milla Silberfell nach der Reitstunde in seine Box führen will, hält Sonja sie auf. „Bringst du dein Pony bitte auf die Koppel hinter dem Haus?", sagt sie. „Silberfell mag nachts nicht im Stall stehen. Er wird dann unruhig. Draußen fühlt er sich wohler."
„Ganz allein?", fragt Milla erschrocken und schaut zu den anderen Kindern, die ihre Ponys in den Stall bringen. „Das hab ich noch nie …"
Doch Sonja lächelt und legt Milla beruhigend eine Hand auf die Schulter. „Ich bin sicher, dass du das schaffst!", sagt sie. Toll, dass Sonja ihr das zutraut. Milla fühlt sich richtig groß. Stolz hält sie den Führstrick und marschiert neben Silberfell her. Das Pony kennt den Weg. Als sie an der Koppel ankommen, öffnet Milla das Gatter und löst den Führstrick. Da legt Silberfell seinen Kopf auf Millas Schulter und schnaubt sacht. Das kitzelt lustig im Ohr.
„Besuchst du mich heute Nacht?"
Milla erschrickt. Wessen Stimme war das? Sie schaut sich um. Da ist niemand. Nur sie und Silberfell. Und Ponys sprechen nicht, das ist mal klar! Aber irgendwer hat doch gesprochen! Milla hat es genau gehört! Sie schüttelt den Kopf. Jetzt hört sie schon Stimmen! So ein Quatsch. Da war nichts! Sie hat es sich bestimmt nur eingebildet. Ganz sicher!

Zum Abschied legt Milla die Arme um Silberfell und kuschelt sich an seinen weichen Hals.
„Gute Nacht!“, flüstert sie und atmet den Ponyduft ein.
Dann läuft sie zurück zum Haupthaus.
Gleich gibt es Abendbrot. Vielleicht kann Milla mit Klara, Sina und Kim an einem Tisch sitzen? Bevor sie die Tür zum Speisesaal öffnet, bleibt sie stehen und lauscht. Da – ein leises Wiehern ertönt. Es kommt von der Koppel, und dann klingt etwas wie: „Bis nachher!“ Oh nein! Sie hört schon wieder Stimmen! Außer ihr war niemand auf der Koppel. Verrückt ist das. Schnell geht sie in den Speisesaal.
Am Tisch von Klara, Sina und Kim ist tatsächlich noch ein Platz frei. Super! Milla setzt sich zu ihren Zimmergenossinnen und nimmt sich ganz fest vor, gleich mit ihnen zu reden. Aber die drei haben sich schon wieder unheimlich viel zu erzählen. Und jedes Mal, wenn Milla etwas sagen will, passiert es. Sie schafft es nicht. Ihr Mund ist wie zugeklebt. Schade.

Als Milla später in ihrem Bett liegt, denkt sie an Silberfell. Er ist das beste Pony der Welt! Milla freut sich sehr darauf, morgen wieder zu reiten, und schläft zufrieden ein.
Mitten in der Nacht wacht sie plötzlich auf. Durch das Fenster malt der Mond eine Lichtstraße auf den Fußboden und am Nachthimmel leuchten die Sterne.
Die anderen schlafen. Milla hört sie gleichmäßig atmen.
In der Ferne wiehert ein Pferd. Immer wieder und sehr, sehr laut. Beunruhigt setzt sie sich auf. Das ist Silberfell! Was er nur hat? Am besten, sie schaut nach ihm.
Leise und vorsichtig klettert sie aus ihrem Bett und läuft wenig später barfuß über den sternenbeschienenen Hof in Richtung Koppel.
Silberfell steht am Gatter und wartet. Er wartet tatsächlich auf Milla. Sein graues Fell glänzt im Mondlicht, als ob es mit flüssigem Silber übergossen wurde. Jetzt weiß Milla, woher er seinen Namen hat!
Als Silberfell Milla sieht, tobt er in einem riesigen Bogen wiehernd über die Koppel und galoppiert dann wieder direkt auf sie zu. Milla hält den Atem an. Das ist ja unglaublich! Wie sieht Silberfell denn aus? Eben war er noch ein kleines, graues Pony und jetzt ist sein Fell silbern und mit Diamanten besetzt. Er

schüttelt seine funkelnde Mähne und mitten auf seiner Stirn prangt ein glitzerndes Horn.
Silberfell ist ein echtes, lebendiges Einhorn!
Das schimmernde Einhorn bleibt vor Milla stehen und legt seinen Kopf sanft auf ihre Schulter.
Milla hält den Atem an.
„S-Silberfell!", stammelt sie verblüfft. „Was ist mit dir passiert?"
„Jede Nacht, wenn der Mond scheint und Sternenschimmer mein Fell trifft, verwandle ich mich in ein Einhorn!", erzählt Silberfell. „Dann galoppiere ich los und sause durch den Sternenhimmel über Wälder und Wiesen, Berge und Täler, Städte und Dörfer, über Flüsse und Meere rings um die ganze Welt."
„Du kannst fliegen? Und du kannst sprechen?", flüstert Milla ehrfürchtig.
„Natürlich!" Silberfell schüttelt seine funkelnde Mähne. „Wie alle Einhörner. Aber leider bin ich dabei immer allein. Ich habe noch niemanden gefragt, ob er mich begleiten will. Es muss nämlich ein Mensch sein, der ein Geheimnis bewahren kann. Und so jemandem bin ich bisher noch nicht begegnet."
Milla schweigt. Ihr Herz klopft heftig.
Silberfell prustet sanft in ihre Hand.
„Bis heute", schnaubt er.
„Zu mir hast du Vertrauen?", fragt sie und hält den Atem an.
Silberfell nickt. „Du bist ehrlich und hast ein gutes Herz. Das habe ich sofort gespürt. Was hältst du von einem Flug durch die Nacht, Milla? Bist du bereit?"
Milla wird ganz warm vor Freude. Sie nickt aufgeregt und sagt: „Auf jeden Fall! Und dein Geheimnis ist bei mir sicher. Ich verrate niemandem, dass du ein Einhorn bist! Versprochen!"
Glücklich presst Milla die Nase in das silbergraue Fell, während ihr Herz vor Freude Purzelbäume schlägt.
Dann kichert sie: „Du bist mein geheimes Einhorn, Silberfell. Mein Geheimhorn!"
Silberfell schnaubt fröhlich: „Dann lass uns starten, Milla! Auf geht's!"
Das lässt Milla sich nicht zweimal sagen. Sie schwingt sich auf den warmen Pferderücken, greift mit beiden Händen in die glitzernde Mähne, und schon galoppiert Silberfell los. Seine Hufe sprühen Edelsteinfunken. Sie berühren kaum

den Boden. Pfeilschnell sausen sie über die Koppel. In einem atemberaubenden Sprung setzt Silberfell über das Gatter. Milla starrt überwältigt in die Tiefe. Sie landen nicht wieder auf dem Boden. Höher und höher galoppiert das Einhorn – hoch hinauf in den Nachthimmel. Immer kleiner wird der Ponyhof unter ihnen. Der Stall und die Koppel verschwinden, und bald sausen sie über eine Landschaft, die Milla nie zuvor gesehen hat. Ihre Haare fliegen im Wind. Sie legt den Kopf in den Nacken und erblickt den Glanz von vielen Hundert Sternen, die an dem samtschwarzen Himmel funkeln. Wenn sie zur Erde hinabschaut, ziehen Berge, Wälder und Seen im Zauberlicht des Mondes vorüber. Glücklich schmiegt Milla sich an den warmen Pferderücken und genießt das sanfte Streicheln des Windes in ihrem Gesicht.

Die Nacht vergeht wie im Flug. Als der Himmel sich gegen Morgen rötlich färbt, nähern sie sich der heimatlichen Koppel. Milla kann den Ponyhof schon erkennen. Die Zweige der höchsten Bäume kitzeln über ihre nackten Füße, als sie plötzlich ein Jammern hört! Ängstlich und kläglich klingt es. Weint da etwa ein Baby?

Milla spitzt die Ohren und späht über Silberfells Hals in die Tiefe. Dort unten, auf einem großen Baum hockt – ein winziges Kätzchen. Es klammert sich an einen dünnen Ast, der gefährlich auf und nieder schwingt. Immer wieder miaut es voller Angst.

„Silberfell!“, ruft Milla. „Das Kätzchen! Es kann nicht wieder vom Baum hinabklettern! Wir müssen es retten!“

Silberfell reagiert sofort. Er fliegt einen Bogen um den Baum und nähert sich vorsichtig dem Ast mit der kleinen Katze.

„Du musst es im Vorüberfliegen schnell packen!“, keucht das Einhorn. „Ich bin kein Kolibri. Ich kann in der Luft nicht stehen bleiben.“

Milla beugt sich weit vor. Dicht unter ihr hockt das verzweifelte Kätzchen. Ein wenig länger muss Milla sich noch machen. Sie reckt sich. Mit den Fingerspitzen berührt sie den Katzenschwanz. Nur noch wenige Zentimeter. Milla streckt sich und packt die kleine Katze am Nackenfell. Hiiiiilfe! Milla hat zwar die Katze erwischt, aber sie verliert den Halt. Sie rutscht und rutscht … Neiiiiin! Sie wird abstürzen. Sie … Im letzten Moment krallt sie sich mit der freien Hand in Silberfells

Mähne fest. Sie umklammert mit beiden Beinen den Bauch des Einhorns. Puh! Gerade nochmal gut gegangen, denkt Milla. Was für ein Glück! Und sie haben das Kätzchen gerettet!

Wenig später landet Silberfell auf der vertrauten Koppel. Müde und glücklich rutscht Milla von seinem Rücken. Das zitternde Kätzchen drückt sie an ihre Brust. „Wow!“, seufzt sie. „Das – das war wunder-wunderschön, Silberfell! Das war die tollste Reise, die ich je gemacht habe. Einfach sagenhaft, unglaublich und großartig! Und vielen lieben Dank, dass du mir geholfen hast, das Kätzchen zu retten!“
„Danke, dass du mich begleitet hast“, schnaubt Silberfell, der wieder zu einem struppigen, grauen Pony geworden ist.
„Bis nachher in der Reitstunde!“, sagt Milla und umarmt das Pony. „Ich freu mich schon!“
„Bis nachher!“, wiehert Silberfell. „Und bewahre unser Geheimnis!“
„Aber natürlich! Ich verrate nichts. Ehrenwort!“, verspricht Milla und läuft mit dem Kätzchen zum Ponyhof.
Obwohl sie auf Zehenspitzen in ihr Zimmer schleicht und ganz, ganz leise ist, wacht Klara auf und fragt verschlafen: „Was ist los? Gibt's schon Frühstück?“

„Nein, noch nicht!“, sagt Milla aufgeregt und merkt gar nicht, dass ihr Mund überhaupt nicht zugeklebt ist. Sie setzt das Kätzchen auf Klaras Bettdecke. „Aber ich war schon draußen und schau mal, was ich gefunden habe!“
„Oh wie süß!“, ruft Klara und streichelt die kleine Katze.
Jetzt wachen auch Sina und Kim auf. Neugierig umringen sie Milla und das Kätzchen.
„Wo hast du es gefunden?“, fragt Sina und krault das Kätzchen hinter den Ohren.
„Im B… Unter der Hecke“, sagt Milla schnell. „Es war ganz allein. Und jetzt hat es bestimmt Durst!“
„Und Hunger“, fügt Kim hinzu und lächelt Milla an.
Millas Wangen fühlen sich heiß an. Sie redet mit Klara, Sina und Kim und es ist überhaupt nicht schlimm. Es fühlt sich gut an. Ganz normal.
Wenig später sitzen die vier Mädchen mit der kleinen weißen Katze auf dem Fußboden. Sie streicheln das Kätzchen und geben ihm etwas Milch, die Sina und Kim aus der Küche geschmuggelt haben. Klara hat einen Block und einen Stift geholt und zusammen besprechen sie, was das Kätzchen alles braucht und wann es gefüttert werden muss.
„Der kleine Kerl braucht einen Namen“, überlegt Milla.
„Mhm, wie wäre es mit Maximilian?“ schlägt Sina vor. „Na, vielleicht sollten wir mit dem Namen noch warten, bis wir wissen, ob es eine Katze oder ein Kater ist“, meint Klara lachend und die anderen stimmen grinsend zu.
Milla ist glücklich. Sie hat ein süßes weißes Kätzchen! Sie hat Silberfell, ihr Geheimhorn, und sie hat es geschafft, mit Klara, Kim und Sina zu sprechen. Das war eigentlich ganz leicht! Ihr Mund war plötzlich kein bisschen zugeklebt und die Mädchen sind auch alle richtig nett. Jetzt hat sie auf einen Schlag drei Freundinnen: Klara, Sina und Kim!
Ferien auf dem Ponyhof sind großartig!

Katia Simon

Der Tag, an dem das Pony Bella sich so schrecklich langweilte

An dem Tag, als das Pony Bella sich langweilt, scheint die Sonne. Ein sanfter Wind weht über den Hügel und Bella blinzelt, als sie ihren Kopf hebt und in die Sonne guckt.

„So ein schöner Tag!“, sagt sie zum großen alten Pferd Manfred und seufzt. Doch Manfred schaut nicht mal hoch, sondern kaut weiter auf seinen Löwenzahnblättern.

Bella geht am Zaun entlang. Erst nach links und dann nach rechts und dann zurück, bis sie wieder neben Manfred steht.

„Manfred? Du-hu?“, fragt Bella.

Doch Manfred beschäftigt sich weiter mit dem Löwenzahn.

Bella geht noch einen Schritt näher ran. „Manfred?“

Und immer noch kaut er. Manfreds Augen sind fast geschlossen und die Ohren hängen nach unten.

Bella holt tief Luft und stellt sich auf die Hufspitzen, bis ihr Maul direkt neben Manfreds Ohren ist. „MAAAAAANFRED!!!“

Vor Schreck springt Manfred erst nach oben und dann drei Meter nach links und wiehert. „Musst du so schreien, Bella? Ich bin doch nicht schwerhörig.“

„Manfred, mir ist so langweilig!“ Bella seufzt.

„Dann iss doch ein bisschen von diesem köstlichen Löwenzahn!“, schlägt Manfred vor. „Oder mach es dir gemütlich und schlaf ein Weilchen. So mach ich das immer.“

Bella schüttelt ihren Kopf, dass ihre Mähne hin und her wackelt.

„Ich weiß, dass DU das so machst. Aber du machst das immerzu und jeden Tag und das ist langweilig. Langweilig! Langweilig! Langweilig!“ Bella stampft mit ihrem rechten Vorderhuf auf.

„Ich will was erleben! Und nicht immer nur fressen und schlafen und fressen und schlafen. Und das jeden Tag, immerimmerimmer!“

Manfred guckt Bella an. „Dann weiß ich auch nicht." Er kaut weiter und hört dann plötzlich wieder auf. „Vielleicht möchtest du etwas hin und her gehen?"
„Das hab ich doch schon gemacht. Ganz oft!" Bella ist langsam genervt. „Das ist auch so la-hang-weilig! Und du bist langweilig und alles ist langweilig."
Manfred weiß gar nicht mehr, was er jetzt noch sagen kann. Und so sagt er einfach nichts und kaut weiter. Seine Augen sind wieder fast geschlossen.
Bella steht neben ihm und schaut sehnsüchtig in die Ferne und sie seufzt. Plötzlich glänzen ihre Augen, ihre Ohren sind hochgestellt und sie schlägt wild mit ihrem Schweif hin und her!
„Ich mach mal was ganz Neues!", triumphiert sie. „Und das ist ganz und gar nicht langweilig! Weißt du was?" Bella stupst Manfred an.
Manfred reagiert nicht. Er steht immer noch da und döst und kaut und lässt seine Ohren hinunterhängen.
„MAAAAAANFRED!!!", wiehert Bella. „MAAAAAANFRED!"
Vor Schreck springt Manfred wieder zuerst nach oben und dann drei Meter nach rechts. „Musst du so schreien, Bella? Ich bin doch nicht schwerhörig."
Bella trippelt aufgeregt von einem Huf auf den anderen.
„Manfred, ich weiß jetzt, was ich mache, und das ist gar nicht langweilig. Willst du es wissen?"
„Wenn du mich danach in Ruhe meinen Löwenzahn fressen lässt, dann will ich es unbedingt wissen, ja", sagt Manfred.
Bella läuft jetzt im Kreis um Manfred herum, immer und immer schneller läuft sie und zwischendurch hopst sie wie ein kleiner Flummi in die Höhe.
„Manfred, ich hab's! Ich geh' spazieren! Das machen die ganzen Leute, die am Wochenende an unserer Weide vorbeilaufen, auch immer. Sie gehen spazieren! Das will ich auch!"
„Wenn du meinst", schnauft Manfred. Er würde jetzt wirklich lieber sein Ruhe haben, Löwenzahn kauen und seinen Gedanken nachhängen, als mit Bella zu sprechen.
„Jajajaja, ich will", ruft Bella. „ Aber Manfred, kannst du mir helfen?"
„Beim Spazierengehen?", fragt Manfred verwundert.

„Nee, aber beim Rausgehen. Beim Rausgehen aus der Weide. Hier ist doch überall der doofe Zaun“, erklärt Bella.

„Aber der Zaun ist doch extra dafür da, damit wir nicht rausgehen“, sagt Manfred.

„Und wie soll ich dann spazieren gehen?“, fragt Bella. „Dafür muss ich doch aus dem Zaun raus. Hier drin geht das nicht.“

„Na gut“, schnauft Manfred. „Geh du schon mal vor. Ich komm gleich.“

Während Bella am Zaun hin und her trabt, um vielleicht eine klitzekleine Lücke zu entdecken, schläft Manfred wieder ein.

„Da ist keine Lücke, Manfred!“ Bella ist ein bisschen verzweifelt. „Wie soll ich denn jetzt spazieren gehen?“ Und dann schubst sie Manfred ein bisschen.

Manfred öffnet langsam sein linkes Auge. „Geh mal zum Gatter, das hat die Frau vorhin nicht richtig zugemacht.“

Bella trabt zum Zaunende und tatsächlich: Der Riegel ist nicht geschlossen. Bella schiebt ein bisschen und schon ist das Gatter offen. Dahinter liegt das Abenteuer und die große, weite Welt!

„Los, Manfred! Komm mit. Das ist die Gelegenheit, mal etwas von der Welt zu sehen. MAAANFRED!!!!“, ruft Bella und schubst ihn noch mal. Widerwillig geht er ein paar Schritte, bleibt wieder stehen und schnauft. Die kleine Bella schiebt und schubst und knufft den großen Manfred, bis sie ihn durch das Gatter geschoben hat.

„Ach, Bella, ich will doch nur meine Ruhe haben und …“, sagt Manfred.

„… ja, ja, Löwenzahnblätter knabbern und ein Weilchen schlafen. Manfred, das kannst du später wieder machen. Jetzt lernen wir die große weite Welt kennen!“

Bella gibt Manfred noch einen kleinen Schubs und rennt los. Manfred zockelt hinterher. Bella galoppiert in den großen Wald und macht ein paar Bocksprünge.

„Ist das schön!“, ruft sie.

Bella rennt um die Bäume herum und immer tiefer in den Wald. Manfred kommt so schnell gar nicht hinterher.

Bald kommt Bella an eine Wegkreuzung und bleibt stehen. Wohin soll sie gehen? Nach links? Nach rechts? Überall sind Bäume und überall sieht es gleich aus. Sie schaut sich um.

„Und wo ist jetzt das Abenteuer?", fragt Bella, doch niemand antwortet. Bella läuft ein paar Schritte den einen Weg entlang und wieder zurück. Dann geht sie in die andere Richtung und bleibt stehen. Überall nur Bäume. Immer noch. Und dunkel ist es hier plötzlich auch. So schön findet Bella es doch nicht mehr, spazieren zu gehen.
„Manfred?", ruft Bella vorsichtig. „Manfred?" Aber Manfred ist nicht da. Nur das Klopfen eines Spechts ist zu hören. Plötzlich fühlt sich Bella ziemlich klein und alleine in diesem großen Wald, sie weiß auch nicht mehr, welcher der Weg nach Hause ist.
„MAAANFRED!!", ruft Bella noch mal, diesmal ziemlich verzweifelt. „Wo bist du?" Bella hat Angst.
Da schiebt sich Manfred plötzlich zwischen zwei Bäumen hindurch und steht direkt neben Bella. Er schnauft und pustet in ihre Mähne. „Ach, kleine Bella. Da bist du ja!"

„Ich glaube, ich war jetzt genug spazieren, Manfred", sagt Bella. „Weißt du vielleicht, wie wir wieder nach Hause kommen?", fragt sie hoffnungsvoll.
Klar weiß Manfred den Weg und zusammen gehen die beiden zurück. Sie laufen um eine Kurve und um noch eine Kurve und bald schon stehen sie wieder am Waldrand.
„Da!", ruft Bella, „da ist unsere Weide", und fängt an zu rennen.
Manfred trottet langsam hinterher. „Die läuft uns ja nicht weg", murmelt er.
„Das war jetzt aber wirklich aufregend!", seufzt Bella, als Manfred wieder neben ihr steht. „Ich glaube, ich war erst mal genug spazieren. Jetzt will ich ein bisschen an den Löwenzahnblättern knabbern und dann schlaf ich vielleicht ein Weilchen."
Und Manfred? Manfred hört schon gar nicht mehr zu. Er kaut auf einem Löwenzahnblatt und seine Augen sind fast geschlossen.

Vanessa Walder

Die Allergrößte

Ella hat ein wunderschönes Leben. Sie darf von Frühling bis Herbst mit den anderen Pferden draußen auf der Koppel herumtollen. Manchmal kommen Kinder vorbei, die mit ihr spielen. Die Kinder haben Ella viel lieber als die übrigen Fohlen auf dem Hof.

Aber jetzt ist Ella sieben Jahre alt und irgendetwas stimmt nicht. Sie betrachtet traurig die Fohlen auf dem Hof. Ihr ist nämlich etwas aufgefallen: Sie sind alle viel, viel größer als Ella. Ihre Beine sind länger, ihre Hälse sind länger und ihre Schweife und Mähnen sind auch länger. Nur Ellas Mutter ist noch kleiner als sie.

„Wann wachse ich denn endlich wieder?", fragt Ella ihre Mutter.

„Wachsen? Aber du bist doch schon ausgewachsen, mein Schatz!", sagt ihre Mutter.

„Was? Sieh doch mal hin!" Ella streckt ein Vorderbein aus. „Ich bin viel zu kurz geraten! Habe ich eine Krankheit?"

„Du bist doch nicht krank!" Ellas Mutter wiehert vergnügt. „Du bist ein Pony!"

Wieder betrachtet Ella die anderen Fohlen. „Aber die anderen Ponys sind auch groß."

„Das sind keine Ponys", erklärt Ellas Mutter. „Das sind Pferde. Deine Größe ist genau richtig. Für ein Pony bist du sogar ziemlich groß. Du bist größer als ich."

Das genügt Ella natürlich nicht. Sie will genauso groß werden wie die Pferde, mit denen sie aufgewachsen ist.

„Ich werde schon noch wachsen, pass nur auf!", ruft sie.

Von jetzt an frisst Ella nur noch Blätter, die weit oben an den Bäumen wachsen. So muss sie sich immer strecken. Außerdem läuft sie nicht mehr, sondern springt nur noch. Bald sind ihre Beine so stark, dass sie über den Weidezaun springen kann.

Das gefällt dem Hofbesitzer nicht so gut. Er muss Ella nämlich wieder einfangen. Also baut er einen höheren Zaun um die Weide. Doch auch den kann Ella über-

Nicht füttern!

springen. Erst als der Zaun anderthalb Meter hoch ist, traut sie sich nicht mehr. Darum übt sie stattdessen mit ihrer Mutter.
„Das ist nicht lustig!", ruft die genervt. „Man springt nicht über seine Mama!"
Ella stört das nicht. Sie muss wachsen. Ständig läuft sie mit den Pferden um die Wette. Gewonnen hat sie noch nie. Immerhin haben die anderen viel längere Beine. Viel langsamer ist Ella aber nicht.
Trotzdem muss sie einsehen, dass sie nicht das kleinste Stück gewachsen ist. Das macht sie furchtbar traurig.
Als Kinder auf den Hof kommen, läuft Ella ihnen nicht entgegen wie früher. Sie steht unter einem Baum und versteckt sich. Von dort aus beobachtet sie, wie die Kinder mit den Pferden spielen.
„Es ist einfach nicht gerecht!", denkt Ella. „Warum muss ausgerechnet ich so ein Zwerg sein?"
Jetzt sieht sie, wie eines der Pferde losgaloppiert. Es springt über einen umgefallenen Baumstamm. Die Kinder applaudieren begeistert.
„Pah!", denkt Ella. „Das ist ja wohl ein Klacks."
Doch als das Pferd zu den Kindern zurückläuft, bekommt es Karotten und Äpfel und alle streicheln es.
Da nimmt Ella ihren ganzen Mut zusammen und rennt los – direkt auf den Zaun der Koppel zu. Noch fünf Meter, noch zwei ... und dann hebt sie ab. Erst mit den Vorderhufen, dann mit den Hinterbeinen. Sie fliegt über den Zaun hinweg und landet unbeschadet auf der anderen Seite.
„Nicht schon wieder!", ruft der Hofbesitzer und läuft ihr nach.
Geduldig wartet Ella auf ihn.
Der kleine Neffe des Hofbesitzers läuft neben seinem Onkel her und redet auf ihn ein.
„Kein anderes Pony kann so hoch springen!", ruft der Kleine, als sie bei Ella ankommen.
„Trotzdem", meint sein Onkel. „Sie ist doch gar nicht ausgebildet. Und das Turnier ist schon morgen, Ralf."
„Lass es uns versuchen, bitte!", bettelt Ralf.

Der Hofbesitzer legt Ella ein Seil um den Hals und reicht es seinem Neffen. „Na schön", sagt er. „Aber nicht zu hoch!"
Schnell führt Ralf Ella zu einem Platz hinter dem Hof. Ella war noch nie hier. Überall stehen Hindernisse mit bunten Holzstangen. Ralf klettert auf ihren Rücken und zusammen springen sie über ein Hindernis nach dem anderen. So viel Spaß hat Ella noch nie gehabt! Sie wiehert vor Vergnügen.
Der Hofbesitzer kratzt sich am Kopf. „Keine Ahnung, woher sie das kann", meint er. „Aber es sieht so aus, als wäre Ella fürs Springen geboren."
Am nächsten Tag fährt Ella zum ersten Mal in einem Pferdeanhänger. Als Ralf sie wieder herauslässt, sieht sie einen riesengroßen Platz mit ganz vielen bunten Hindernissen. Ella kann es kaum erwarten, über all die Stangen springen zu dürfen.
Aber zuerst sind noch andere Ponys an der Reihe. Ella bemerkt, dass die meisten kleiner sind als sie selbst. Außerdem werfen die Ponys fast immer ein paar der bunten Stangen auf den Boden, wenn sie drüberspringen.
Dann sind Ella und Ralf an der Reihe. In Windeseile fliegen sie über die Hindernisse. Keines ist so hoch wie der Zaun der Koppel, über den Ella gesprungen ist.
Viele Leute sehen Ella beim Springen zu und klatschen begeistert.
„Erster Platz!", ruft eine laute Stimme. „Ralf auf seinem Pony Ella."
Ralf aber beugt sich dicht zu Ellas Ohr und flüstert: „Du bist die Allergrößte!"
Und genauso fühlt sich Ella auch.

Silvia Möller

Blitz und Donner

Endlich sind Osterferien! Lena, Hannah und Paul freuen sich riesig auf die kommende schulfreie Zeit.

„Den ganzen Tag auf dem Kastanienhof verbringen und mit Blümchen kuscheln", schwärmt Hannah und legt die Box der dunkelbraunen Islandstute neu mit frischem Stroh aus. Dabei achtet sie darauf, dass ihr Liebling es besonders weich und kuschelig hat. Schließlich bekommt die Ponydame bald ihr erstes Fohlen. Ihr Bauch ist schon kugelrund und manchmal kann man sehen, wie das Fohlen darin strampelt. „Vielleicht können wir sogar dabei sein, wenn das Kleine zur Welt kommt."

Lena nickt. „Das wäre toll! Außerdem freue ich mich riesig darauf, dass Emma wiederkommt, und natürlich auf unser allererstes Turnier. Ich bin schon total aufgeregt", erzählt sie und ihre Augen beginnen vor Vorfreude zu leuchten. Wie Hannah schwingt auch sie kräftig die Mistgabel, während ihr Lieblingspony Krümel sich mit seinen Ponyfreunden auf der Weide vergnügt. „Das wird super!"

„Na und ob! Einer von uns schafft es sicher auf die ersten Plätze. Als Ponybande sind wir schließlich unschlagbar", meint Paul augenzwinkernd und wuchtet eine Ladung Heu in die Schubkarre.

Die Ponybande, das sind Lena, Hannah, Emma und Paul. Die vier haben sich letzten Sommer auf dem Kastanienhof kennengelernt, wo Emma, ihre große Schwester Cara und Paul für ein paar Tage Ferien gemacht haben. Am Ende hat Pauls Vater dann den Direktorenposten der Bank am Ort übernommen und Paul konnte in Neustadt bei seinen neuen Freunden und bei seinem absoluten Liebling bleiben, dem Pinto Amarok. Nun wohnt Paul ganz in der Nähe von Lena und Hannah, während Emma ihre Freunde jede Ferien besuchen kommt.

„Meine Cousine Meike hat mir ihr erstes Reitjackett geschenkt", erzählt Hannah nun begeistert. „Die Jacke ist schwarz, hat funkelnde Silberknöpfe und ist Meike mittlerweile viel zu klein, deshalb darf ich sie haben."

„Meike reitet Turniere?“, fragt Lena, die gerade dabei ist, Krümels Box auszumisten. Sie hat Hannahs ältere Cousine auf dem Geburtstag ihrer besten Freundin im vergangenen Jahr kennengelernt. Die beiden haben sich gleich gut verstanden. „Das wusste ich ja noch gar nicht.“

„Dressur! Sie ist sogar richtig gut und hat schon viele Schleifen gewonnen“, antwortet Hannah und pustet sich eine Haarsträhne aus dem Gesicht.

„Ich bekomme mein Jackett zu Ostern“, erklärt Paul stolz.

„Wow, bei uns gibt es nur bunte Eier und Süßigkeiten“, staunt Lena. „Aber keine Geschenke! Meine Mutter sagt immer ‚Ostern ist nicht Weihnachten‘.“

„Eigentlich ist das bei uns auch so“, meint Paul. „Aber wegen des Reiterwettbewerbs machen meine Eltern in diesem Jahr eine Ausnahme.“

„Hast du es gut!“, sagt Lena und seufzt. „Ich weiß noch gar nicht, wo ich meine Klamotten herbekomme. Bei mir in der Verwandtschaft reitet keiner außer mir und für ein einziges Turnier kauft mir meine Mutter bestimmt keine Reitjacke. Die sind doch sauteuer!“

„Wie gut, dass ich meine alten Jacketts aufgehoben habe!“

Plötzlich steht Rebecca, die Reitlehrerin der Ponybande, in der Stallgasse. „Das eine oder andere davon müsste dir passen. Wenn du magst, leihe ich es dir gerne für deinen großen Tag!“, bietet sie lachend an.

Lena nickt. „Oh ja, gerne!“, ruft sie erleichtert und strahlt jetzt über das ganze Gesicht.

„Prima, dann bringe ich morgen ein paar Sachen zum Anprobieren mit und wir machen eine kleine Modenschau“, verspricht Rebecca. „Aber nun brauche ich erst einmal eure Hilfe. Draußen hängt der Himmel voller schwarzer Wolken und im Radio warnen sie vor heftigen Unwettern. Deshalb müssen wir ganz schnell die Ponys und Pferde von den Weiden holen.“

„Alles klar!“

„Machen wir!“

Sofort schnappen sich Lena, Hannah und Paul jeweils Halfter und Strick und folgen Rebecca. Auf dem Weg zu den Koppeln sehen sie in der Ferne schon den ersten Blitz am Himmel.

„Wir müssen uns beeilen!“, ruft Paul und rennt zur hinteren Koppel.

„Blümchen zuerst!“, sagt Rebecca. „In ihrem Zustand darf sie sich nicht aufregen.“ Sie deutet auf die schwangere Stute und eilt dann selbst in Richtung der Großpferde.

Hannah nickt und läuft schnell zu ihrem Liebling auf die Wiese. Geschickt streift sie ihr das Halfter über und führt sie Richtung Stall.

Lena schnappt sich zuerst die Westfalenstute Pearl und dann Krümel, während Paul seine liebe Mühe mit dem nervösen Amarok hat. Unruhig tänzelt der schwarz-weiße Pinto hin und her und lässt sich nicht einfangen.

„Still, Kumpel, alles wird gut", versucht Paul ihn zu beruhigen. Da grollt der erste Donner laut über ihren Köpfen, Amarok macht vor Schreck einen gewaltigen Satz nach vorne und prescht davon.

„Mist!", schimpft Paul und will schon hinterher.

„Nimm Krümel und geh mit ihm Richtung Weidentor!", ruft Lena da und hält Paul den Strick des karamellfarbenen Islandponys hin. „Amarok läuft seinem Kumpel bestimmt hinterher. Ich bringe inzwischen Pearl in ihre Box."

Krümel und Amarok sind unzertrennlich. Als der schwarz-weiße Pinto im Sommer auf den Kastanienhof kam, war er total abgemagert, völlig verängstigt und ließ niemanden an sich heran. Nur mit viel Geduld und Liebe konnte Paul schließlich doch noch sein Vertrauen gewinnen. Blümchen und ganz besonders Krümel haben ihm dabei sehr geholfen. Die drei Ponys sind dicke Freunde geworden.

Paul greift schnell nach Krümels Strick und geht ein paar Schritte Richtung Weidetor. Nervös dreht er sich nach Amarok um. Es klappt tatsächlich! Amarok macht auf dem Absatz kehrt und folgt Krümel mit vor Aufregung geblähten Nüstern. Erleichtert atmet Paul auf und führt die beiden zum Ponystall, während Lena mit Pearl in dem für Großpferde verschwindet.

„Du Angsthase", murmelt Paul zärtlich, als sie wenig später in Amaroks Box stehen. Dabei krault er dem Pinto die Stirn. Natürlich weiß Paul, dass Pferde Fluchttiere sind und sich nicht gerne einfangen lassen, wenn sie Angst haben. „Aber zum Glück sind sie auch Herdentiere", denkt er.

Amarok hat sich mittlerweile wieder etwas beruhigt, legt seinen Kopf auf Pauls Schulter und schnaubt zufrieden.

Da hören Hannah und Paul, wie dicke Tropfen auf das Stalldach platschen. Es blitzt und kracht in immer kürzer werdenden Abständen. Das Gewitter kommt näher!

„Mira und die anderen Haflinger stehen noch draußen!", kreischt Hannah entsetzt und flitzt los, Paul gleich hinterher. Mit einem Ruck zieht Hannah die Stalltür auf und will schon rauslaufen, da kommt Lena ihr entgegen. Schnell flieht sie aus dem Regen in den trockenen Stall. In der Hand hält sie ein Bund Möhren.

„Rebecca sagt, wir sollen bei den Ponys bleiben", erklärt sie schnaufend. „Hier draußen wird es jetzt zu gefährlich!"

Wie aufs Stichwort schießt nicht weit entfernt von ihnen ein heller Lichtstrahl vom Himmel zur Erde nieder und es knallt so gewaltig, dass es im ganzen Stall widerhallt. Erschrocken schiebt Lena Hannah und Paul zurück in den Stall und schließt die Tür. Wegen des starken Windes muss sich Lena ganz schön dagegenstemmen.

„Aber die Pferde!", jammert Hannah verzweifelt.

„Die stehen bereits alle in ihren Boxen", beruhigt Lena ihre Freundin und streicht sich erschöpft eine nasse Haarsträhne aus dem Gesicht. „Herr Dahlmann, Rebecca und Peter haben sich darum gekümmert."

Herr Dahlmann ist der Besitzer des Kastanienhofes und supernett. Er hat auch dafür gesorgt, dass die Ponybande und Emmas Schwester Cara am Turnier für junge Reiter des Reitvereins Concordia teilnehmen dürfen. Schließlich sind der Leiter des Vereins und er alte Freunde. Außerdem hat Herr Dahlmann Emma und Cara über die Osterferien eingeladen, auf dem Gutshof zu wohnen und mit den Ponys zu trainieren.

Peter, der Stallbursche vom Kastanienhof, ist immer mit Rat und Tat zur Stelle, besonders, wenn es mal brenzlig wird, so wie jetzt!

Hannah und Paul atmen erleichtert auf. Gemeinsam mit Lena verteilen sie die Möhren an die nervösen Ponys.

„Nervennahrung für kleine Fellnasen!", meint Lena lachend.

Bettina Wendland

Das Pony auf dem Pausenhof

Doppelpass und Tor! Leon und Lars jubeln. Ihr Zusammenspiel wird immer besser. Sie sind ein Superteam im Fußball. Schließlich spielen sie jede Pause zusammen. Und mit Mert haben sie einen klasse Torwart. Niklas, Tom und Laura aus der 2b haben keine Chance.

Leon ist wieder am Ball. Lars läuft Richtung Tor. Jetzt müsste Leon ihm den Ball zuspielen. Der Ball kommt auch angeflogen. Aber er springt an Lars vorbei neben das Tor.

„Wie schießt du denn?", ruft Lars Leon zu. Er dreht sich um und traut seinen Augen nicht. Hinter ihm steht ein braunes Pony. Es schnaubt freudig. Fast hätte das Pony ein Tor geschossen.

Die Jungen stehen starr vor Schreck. Wo kommt denn dieses Pony her?

Inzwischen haben auch die anderen Kinder auf dem Pausenhof das Pony bemerkt. Neugierig kommen sie näher.

„Oh, wie süß!"

„Was macht denn das Pony hier?"

„Wir müssen es einfangen!"

So rufen die Kinder durcheinander. Sie kommen immer näher. Dem Pony wird das zu eng. Es dreht sich um und trabt in Richtung Schulgarten.

Die Kinder laufen hinterher.

Das Pony wird immer schneller. Es bleibt erst stehen, als es im Schulgarten angekommen ist. Dort hat die Garten-AG Gemüse gepflanzt: Salat, Möhren, Radieschen und Tomaten. Der Salat scheint dem Pony besonders gut zu schmecken.

Da kommt Frau Winter angelaufen. Sie leitet die Garten-AG. Der Schulgarten liegt ihr sehr am Herzen. „Hau ab!", schreit sie das Pony wütend an. „Lass meinen Salat in Ruhe!"

„Aber das ist doch unser Salat", meint Jule. Sie macht bei der Garten-AG mit.

„Dann meinetwegen unseren Salat! Aber davon ist sowieso fast nichts mehr übrig." Frau Winter ist den Tränen nah.

Das Pony dreht sich zu ihr um. Es schnaubt ihr freundlich ins Gesicht. Dabei landen ein paar angekaute Salatstückchen in Frau Winters Haaren.

„Igitt!", kreischt sie. „Wo ist der Hausmeister? Er soll dieses Tier einfangen!"

Aber Herr Meier, der Hausmeister, ist weit und breit nicht zu sehen.

„Wenn ich ein Lasso hätte", meint Tom ganz cool, „dann würde ich es einfangen."

„Du kannst unser Springseil nehmen", bietet Ronja aus der vierten Klasse an.

„Ach nee, das ist ja kein richtiges Lasso", erwidert Tom.

„Du bist ja nur feige", lacht Niklas.

Tom protestiert: „Bin ich gar nicht! Los, gib mir das Seil!"

Er knotet ein Lasso aus dem Seil. Wütend stapft er auf das Pony zu. Er holt aus und wirft das Lasso. Leider fängt er aber nicht das Pony, sondern Frau Winter.

„Jetzt reicht es aber", kreischt sie wütend. „Ich rufe die Polizei!"

„Aber das ist doch nur Ronny", sagt Nina so leise, dass es kaum jemand hört.

Frau Winter dreht sich um. „Ronny? Du kennst das Tier?"

Nina wird rot. Und spricht noch ein bisschen leiser: „Na ja, er gehört zum Mühlenhof. Das ist der Ponyhof, wo ich reiten lerne." Dann wird Nina mutiger: „Soll ich mal versuchen, ihn einzufangen?"

Nach Toms Lassoangriff ist Ronny wieder auf den Pausenhof getrabt. Nervös scharrt er mit den Hufen.

Langsam und ruhig geht Nina auf ihn zu. „Hey, Ronny, ganz ruhig. Ich bringe dich nach Hause."

Ronny weicht zurück. Aber Nina gibt nicht auf.

Schließlich ist sie so nah an dem Pony, dass sie seine Mähne greifen kann. „Gib mir mal das Springseil", ruft sie Tom zu.

Der steht mit hochrotem Kopf am Rand des Schulhofs. Es ist ihm peinlich, dass er Frau Winter mit dem Lasso eingefangen hat. Das gibt bestimmt Ärger!

Tom rafft sich auf und bringt Nina das Seil. Vorsichtig legt sie es dem Pony um den Hals.

Die Kinder klatschen. Ronny erschreckt sich und will weglaufen. Aber Nina hält ihn fest. Ihre Knie zittern ein wenig. Jetzt merkt sie erst, wie aufgeregt sie ist.

Inzwischen ist Herr Sommer, der Schulleiter, auf den Pausenhof gekommen. „Was ist denn hier los?“, fragt er kauend. In der Hand hält er ein angebissenes Butterbrot.
„Nina hat einen wilden Mustang eingefangen“, erklärt Jule stolz.
„Und Tom hat Frau Winter eingefangen“, ruft Niklas frech.
Herr Sommer guckt irritiert. „Ich sehe weder einen Mustang noch eine gefangene Frau Winter. Nur ein kleines Shetlandpony. Was macht das hier in der Schule?“
„Vielleicht will es rechnen lernen“, meint Leon.
„Oder Fußball spielen. Es hat fast ein Tor geschossen“, erzählt Mert.
Nun mischt sich Frau Winter ein. Sie hat sich noch nicht von dem Salat-Lasso-Schock erholt.
„Das Pony hat den Schulgarten verwüstet. Es muss sofort hier weg“, fordert sie.
„Aber Frau Winter“, beruhigt sie Herr Sommer, „so ein Pony ist doch harmlos. Regen Sie sich doch nicht so auf wegen dem bisschen Salat.“
Er geht auf das Pony zu und tätschelt es am Hals. „Bist doch ein ganz Braver, nicht wahr?“
Da schnappt Ronny sich Herrn Sommers Pausenbrot. Genüsslich kaut er darauf herum.
Herr Sommer schaut sprachlos in seine leere Hand. „Aber das ist doch …“, will er losschimpfen.
„… nur ein Pausenbrot“, ergänzt Frau Winter und grinst. „Wir sollten den Mühlenhof anrufen. Dann können sie das Pony abholen.“
Herr Sommer meint: „Ja, das finde ich eine gute Idee. Bevor der Vielfraß noch unsere ganze Schule auffuttert! Nina und Kevin, könnt ihr solange auf das Pony aufpassen?“
„Natürlich, Herr Sommer“, sagen Nina und Kevin gleichzeitig.
Herr Sommer schmunzelt: „Vielleicht sollten wir mal eine Projektwoche zum Thema ‚Wilder Westen‘ machen. Damit Tom lernt, besser mit dem Lasso zu zielen.“
Alle lachen und sogar Frau Winter kann schon wieder lächeln.

Maren von Klitzing

Übernachten im Stall

Abends, wenn die Ponys im Stall sind, liegt in den Boxen frisches Stroh und Heu. Das riecht gut und es sieht so gemütlich aus. Am liebsten möchte Mia sich selbst in das weiche Strohbett legen. Mia lehnt sich über die Stallmauer.
Wie jedes Jahr besucht sie ihre Tante auf dem Ponyhof. Und dieses Mal durfte Mia sogar ihre Freundin Karlotta mitbringen.
Am Abend liegt Mia in ihrem Bett und kann nicht einschlafen. Sie wäre so gern im Ponystall. Schließlich steht sie auf und weckt ihre Freundin Karlotta.
„Was ist denn?“, fragt Karlotta und blinzelt verschlafen.
„Wollen wir nicht im Ponystall übernachten?“, fragt Mia. „Da ist es viel gemütlicher als hier.“
„Im Ponystall?“ Karlotta muss kurz überlegen. „Klar, das machen wir!“
Sie schwingt sich aus dem Bett und klemmt sich ihr Kopfkissen unter den Arm.
Leise schleichen sich Mia und Karlotta aus dem Bauernhaus und huschen über den Hof. Die Ponys wiehern leise, als sich die Stalltür öffnet und das Licht angeht.
„Hallo, Ponys, wir wollen heute bei euch übernachten“, sagt Mia.
Die beiden Mädchen gehen von Box zu Box. Vor Pony Frodo bleiben sie stehen. Frodo ist das kleinste Pony und hat deshalb am meisten Platz im Stall.
Mia öffnet die Tür der Box. „Wir können uns in die Ecke legen“, sagt sie.
Aber Karlotta verzieht das Gesicht. Sie zeigt auf ein paar Pferdeäpfel. „Hier will ich nicht schlafen.“
„Dann setzen wir uns eben auf die Futterkiste“, sagt Mia. Die Futterkiste steht im Stallgang. Sie ist zwar groß, aber nicht groß genug, um sich draufzulegen. Deshalb beschließen Mia und Karlotta, im Sitzen zu schlafen, so wie die Hühner.
Mia knipst das Licht aus. Nun ist es dunkel im Stall. Stockdunkel. In der Dunkelheit lauschen die beiden Freundinnen dem friedlichen Malmen der Ponys und hören ihr Schnauben.
„Es ist super hier“, sagt Mia, „oder?“

„Ja“, sagt Karlotta und versucht, ihre Beine auf der Kiste auszustrecken. „Aber nicht sehr bequem.“
„Was ist denn das?“, fragt Mia und greift nach Karlottas Arm. „Ich höre Schritte.“
Mia und Karlotta sitzen ganz still und lauschen. Die Schritte kommen näher. Mit leisem Knarren öffnet sich die Stalltür und das Licht geht an.
„Karlotta? Mia? Seid ihr hier?“ Mias Tante atmet erleichtert auf, als sie die beiden Mädchen auf der Futterkiste sieht. „Gott sei Dank, ich habe euch schon überall gesucht.“
„Wir wollten im Stall übernachten“, sagt Mia, „weil es hier so gemütlich ist. Aber in den Pferdeboxen liegen viel zu viele Pferdeäpfel.“

„So, so, ihr wollt nicht in euren Betten schlafen – na, warum sagt ihr das denn nicht?", fragt Mias Tante. „Dann hätte ich euch gleich gesagt, dass es auf dem Heuboden noch viel gemütlicher ist! Wollen wir dort übernachten, alle zusammen?"
„Oh ja!", rufen Mia und Karlotta und rutschen von der Futterkiste. Mias Tante holt Schlafsäcke für alle und dann ziehen sie auf den Heuboden. Das Heu duftet so gut und man liegt ganz weich. Mia und Karlotta schlafen sofort ein. Und als sie am nächsten Morgen die Ponys im Stall besuchen, bringen sie ihnen gleich ein bisschen Heu zum Frühstück mit.

Quellenverzeichnis

Wir danken nachstehenden AutorInnen und Verlagen für die freundlich erteilte Abdruckerlaubnis:

Arold, Marliese Der Apfeldieb, ©Rechte bei der Autorin

Holthausen, Luise Die ungewöhnliche Fahrt zum Sonnenhof, aus: Luise Holthausen, Vorlesemaus – Das besondere Fohlen. Mit Illustrationen von Cathy Ionescu, ©Carlsen Verlag GmbH, Hamburg 2015

Möller, Silvia Blitz und Donner, aus: Silvia Möller, Abenteuer auf dem Kastanienhof, ©Rechte bei der Autorin

Müntefering, Mirjam Das wilde Pony Fridolin, ©Rechte bei der Autorin

Peters, Barbara Millas Geheimhorn, ©Rechte bei der Autorin

Rosenboom, Hilke Ein Pferd namens Milchmann, aus: Hilke Rosenboom, Ein Pferd namens Milchmann. Mit Bildern von Anke Kuhl, ©Carlsen Verlag GmbH, Hamburg 2010

Simon, Katia Der Tag an dem das Pony Bella sich so schrecklich langweilte, ©Rechte bei der Autorin

Von Klitzing, Maren Übernachten im Stall, aus: Kleine Ponyhof-Geschichten zum Vorlesen, ISBN: 978-3-7707-2924-1, ©ellermann im Dressler Verlag, Hamburg, 2015.

Von Vogel, Maja Ein Pony kommt zum Tee, ©Rechte bei der Autorin

Von Vogel, Maja Ponys sind doch Mädchenkram, oder?, aus: Kleine Pony-Geschichten zum Vorlesen, ISBN: 978-3-7707-3942-4, ©ellermann im Dressler Verlag, Hamburg, 2006.

Walder, Vanessa Die Allergrößte, aus: Vanessa Walder, Leselöwen-Ponygeschichten, ©2010 Loewe Verlag GmbH, Blindlach

Walder, Vanessa Pony in Pink, aus: Vanessa Walder, Leselöwen-Ponygeschichten, ©2010 Loewe Verlag GmbH, Blindlach

Wendland, Bettina Das Pony auf dem Pausenhof, ©2013 SCM Verlagsgruppe GmbH, D-71088 Holzgerlingen